技术封建主义

经济前沿

CRITIQUE DE L'ÉCONOMIE NUMÉRIQUE

TECHNO-FÉODALISME

【法】塞德里克·迪朗（Cédric Durand）著

陈荣钢 译

中国人民大学出版社
·北京·

图书在版编目（CIP）数据

技术封建主义/（法）塞德里克·迪朗著；陈荣钢译. -- 北京：中国人民大学出版社，2024.7
（数字经济前沿）
ISBN 978-7-300-32850-8

Ⅰ.①技… Ⅱ.①塞… ②陈… Ⅲ.①信息经济-研究 Ⅳ.①F49

中国国家版本馆 CIP 数据核字（2024）第 101888 号

数字经济前沿
技术封建主义
[法] 塞德里克·迪朗　著
陈荣钢　译
Jishu Fengjian Zhuyi

出版发行	中国人民大学出版社		
社　　址	北京中关村大街 31 号	邮政编码	100080
电　　话	010-62511242（总编室）		010-62511770（质管部）
	010-82501766（邮购部）		010-62514148（门市部）
	010-62515195（发行公司）		010-62515275（盗版举报）
网　　址	http://www.crup.com.cn		
经　　销	新华书店		
印　　刷	天津中印联印务有限公司		
开　　本	890 mm×1240 mm　1/32	版　　次	2024 年 7 月第 1 版
印　　张	8 插页 1	印　　次	2024 年 8 月第 2 次印刷
字　　数	150 000	定　　价	69.00 元

版权所有　侵权必究　印装差错　负责调换

献给玛丽-埃莱娜（Marie-Hélène）和安托万（Antoine）

推荐序

技术封建主义假说及其悖谬

蓝　江　南京大学哲学系教授

在法国经济学家塞德里克·迪朗（Cédric Durand）的《技术封建主义》一书开篇，他向我们介绍了这样一个故事：1990年3月1日，美国特勤局特工持搜查令闯入史蒂夫·杰克逊游戏公司。这是一家总部位于得克萨斯州奥斯汀市的小公司，主要设计和发行角色扮演游戏。特工们带走了三台电脑、两台激光打印机、若干软盘和纸张。他们还带走了一份手稿。最新的《泛用无界角色扮演系统》是该公司的特色产品。它是一种由规则、角色和场景组成的游戏设定集，这些规则、角色和场景构成了可供玩家体验的世界的基本要素。被查获的手稿是《赛博朋克》(Cyberpunk)，其作者洛伊德·布兰肯希普（Loyd Blankenship）早些时候曾因计算机黑客行为被捕。有趣的是，布兰肯希普在他的书中向我们第一次介绍了"技术封建主义"的概念，"当世界变得更加艰难时，出于适应的必要，公司会变得更加强硬。这种'优先保护自己'的态度往往被称为技术封建主义。与封建制度类似，它是一种对混乱环境的反应，公司向员工提供支持和保护，以此换取员工的服务和忠诚"。虽然布兰肯希普提出的"技术封建主义"概念以及他在一个乌托邦式游戏中描写的情况与21世纪的今天真实世界中的互联网公司、大数据公司、人工智能公司的发展状况相去甚远，也无法涵盖今天OpenAI、谷歌、苹果、亚马逊、网飞、Meta、TikTok等公司以及埃隆·马斯克等人正在进行的"新圈地运动"，但是布兰肯希普提出的这个概念足以成为当代左翼和马克思主义者剖析资本主义在当代社会的最新发展的一种概念工具。2020年塞德里克·迪朗的《技术封建主义》以及2024年2月雅尼斯·瓦鲁法基斯（Yanis Varoufakis）的《技术封建主义：什么杀死了资本主义》(Technofeudalism: What Killed Capitalism)等书的出版，在西方的马克思主义和左翼批判理论中引发了新的思想震撼，许多思想家，如斯拉沃热·齐泽克（Slavoj Žižek）、约迪·迪恩（Jodi Dean）、叶夫根尼·莫罗佐夫（Evgeny Morozov）、西格哈特·内克尔（Sighard Neckel）、布雷特·克里斯托弗斯（Brett Christophers）等人都曾经就技术封建主义或新封建主义

（neo-feudalism）进行讨论。迪朗和瓦鲁法基斯都认为数字技术和智能算法统治下的资本主义已经不是一种资本主义，而是一种封建主义。不过，在这些思潮中，最先引起关注的就是塞德里克·迪朗的《技术封建主义》一书，正是他在21世纪重新将这个概念摆到我们面前，让我们重新思考当代西方资本主义的前途和命运。

其实，关于资本主义趋于没落，被新的统治形式和制度取代的想法，在迪朗2014年的《虚拟资本：金融怎样挪用我们的未来》（*Le capital fictif. Comment la finance s'approprie notre avenir*）[①]一书中就有一定的征兆。例如，他借用法国左翼历史学家费尔南·布罗代尔（Fernand Braudel）的说法，认为资本主义金融化是"秋天的标志"。用迪朗自己的话来说："虚拟资本力量的增长源于金融领域本身的重大变革，以及它与社会世界其他领域——从商品和服务生产到自然、国家和雇佣劳动——之间关系的变化。如果说金融是根据自身的动力发展起来的，那么本书的假设则认为，虚拟资本的繁荣是尚未解决的社会和经济矛盾的产物。"[②] 然而，尽管在《虚拟资本：金融怎样挪用我们的未来》中迪朗提出了金融化让资本主义日暮西山、日渐式微，但他并没有明确指出，在金融化资本主义之后将是

[①] 本书中文版即将出版：塞德里克·迪朗. 虚拟资本：金融怎样挪用我们的未来. 陈荣钢，译. 北京：中国人民大学出版社，2024.

[②] Cédric Durand, *Le capital fictif. Comment la finance s'approprie notre avenir*, Paris：Les Prairies Ordinaires，2014，p. 7.

什么社会。不过在2020年出版的《技术封建主义》一书中，迪朗明确给出了答案，即取代金融化资本主义的就是技术封建主义。不过对于技术封建主义问题，迪朗仍然认为技术封建主义是一种假说，而不是定律，这正是迪朗的《技术封建主义》不同于雅尼斯·瓦鲁法基斯的《技术封建主义：什么杀死了资本主义》的地方。

一、加州意识形态的蜕变：从反抗到保守

出生于1975年的塞德里克·迪朗是法国经济学家，曾任教于北索邦大学经济学系。2020年，也就是在他出版《技术封建主义》一书并声名鹊起的那一年，他成为日内瓦大学的历史、经济与社会系教授。其实从他的其他作品，例如2014年出版的《虚拟资本：金融怎样挪用我们的未来》和2018年出版的《与马克思一起思考货币与金融》（*Penser la monnaie et la finance avec Marx*）等著作中可以看出，迪朗秉承了马克思主义政治经济学研究的方法和立场，并用马克思的《资本论》来解析当代西方资本主义的新变化。例如他在《虚拟资本：金融怎样挪用我们的未来》一书中就指出："在其各种制度的具体体现中，金融本质上可以简化为预付一定的货币价值，以换取报销的承诺，或者实际上是对将创造价值的活动的产权。因此，金融建立了一种资本增殖模式，似乎赋予了货币神奇的能力。马克思关于生

推荐序 技术封建主义假说及其悖谬

息资本的说法也适用于普通的金融:'创造价值,提供利息,成了货币的属性,就像梨树的属性是结梨一样。'这种将增殖过程与生产过程以及对劳动力的剥削区分开来的想法十分怪异,但它维持了资本强大的统治机制。"① 在《虚拟资本:金融怎样挪用我们的未来》一书中,我们可以说,一方面,迪朗坚持了马克思在《资本论》第三卷中关于虚拟资本的分析,另一方面,迪朗通过自己对当代金融化资本主义的观察,在一定程度上拓宽了马克思虚拟资本分析的范围,并将其与当代的一些金融化的分析[如大卫·哈维(David Harvey)的分析]对应起来。例如,迪朗指出:"马克思用几句话抓住了公共债务的本质。它是一种流动性极高且几乎无风险的资产。从历史上看,它一直是积累大量金融和工业私人资本的原材料,并且仍然是构建最复杂的金融方案的基本架构。马克思提到公共债务在资本原始积累中的作用,指出了一个重要的反思过程。它将这种机制视为主导积累开始的超经济手段之一,这种积累在整个资本主义发展过程中持续存在——大卫·哈维称之为剥夺式积累。"②

不过,在21世纪20年代,一个明确的转向发生了。迪朗发现,他在2014年分析了金融化资本主义,而实际上在2008年金融危机之后,金融就不再是资本主义唯一的问题。在《技术封建

---

① Cédric Durand, *Le capital fictif. Comment la finance s'approprie notre avenir*, Paris: Les Prairies Ordinaires, 2014, pp. 63-64. 其中涉及的马克思《资本论》的引文参见: 马克思, 恩格斯: 马克思恩格斯全集: 第46卷. 2版. 北京: 人民出版社: 441。

② Cédric Durand, *Le capital fictif. Comment la finance s'approprie notre avenir*, Paris: Les Prairies Ordinaires, 2014, pp. 110-111.

主义》的第一章中，迪朗就比较了《福布斯》和companiesmarket-cap.com提供的全球市值最大公司名录。在2000年，市值最大的公司主要还是一些石化、零售和金融集团，埃克森美孚、花旗集团、英国石油、汇丰集团、沃尔玛等名列前茅。仅仅在二十余年之后，这些排名靠前的公司就基本上被替换成数字技术领域的高科技公司，排名前十的除了巴菲特的伯克希尔·哈撒韦公司之外，几乎是清一色的高科技公司，尤其是苹果、微软、Alphabet、亚马逊、Meta等公司名列前茅。其实从这个排名可以看出，金融化资本主义逐渐让位于另一种经济秩序，即由数字高科技公司主导的经济秩序，那么这是否意味着，金融化那种带有泡沫性的增长业已破灭，世界经济已再次让位于更实体化的产业集团和高科技集团，而实体经济再次成为世界经济发展的引擎？

显然，问题没有这么简单，也不能用去金融化的脱虚向实的解释来理解高科技公司已超越金融公司，让资本主义经济转向了实体经济，而资本主义的巨大泡沫危机已经化解，可以在数字实体经济的地面上平稳着陆。对于这个问题，迪朗没有继续在金融化问题上纠缠，而是转向了一个新的领域。他看到了在金融化后期，随着虚拟资本的增加，诞生了一种无形资产，而新的资本主义形式正是在这种无形资产的基础上增殖和获利的。不过，如果我们要从理论上理解无形资产的问题，我们需要回到一个历史现象，即加州意识形态和"硅谷共识"的诞生。

什么是加州意识形态？按照理查德·巴布鲁克（Richard Barbrook）和安迪·卡梅伦（Andy Cameron）的说法："这种意

识形态是20世纪60年代的嬉皮士反主流文化（本身植根于政治激进主义的沃土）与加州新企业家对自由市场原则的热情拥护相结合的产物。"① 那么，从这个表述可以看出，加州意识形态一开始是作为一种反抗精神出现的，这种精神出现在杰克·凯鲁亚克（Jack Kerouac）所提出的"垮掉的一代"（beat generation）身上，他们用一种颓废和虚无的精神［即嬉皮士（hipster，意为爵士乐迷）精神］抵抗工商业资本主义和科层官僚制的统治，带有牙买加黑人色彩的雷鬼音乐、披头士的摇滚乐、朋克文化都成了他们的精神象征。用伯明翰学派的文化研究学者迪克·赫伯迪格（Dick Hebdige）的话来说就是："为了重构朋克亚文化的真实文本，追溯其颠覆性实践的源头，我们必须首先找出致使亚文化呈现怪异气质的'生产性意识形态'。……这些亚文化都是对一整套商品、价值、常识态度的奇观式改造。某些以工人阶级为主体的青年群体，正是通过这些文化改造形式重申了对主流价值观与主流体制的反抗。"②

与主流的西方青年亚文化类似，加州青年也侵染了这种亚文化的氛围，而且当时加州尤其是洛杉矶和旧金山等城市，就是"垮掉的一代"的青年亚文化集中地，不过与欧洲的亚文化走向文学和艺术不同，加州的青年亚文化，尤其以加州大学伯

---

① Richard Barbrook and Andy Cameron, "The Californian Ideology", *Science as Culture*, vol. 6, no. 1, 1996, pp. 44-72.
② 迪克·赫伯迪格. 亚文化：风格的意义. 修丁，译. 桂林：广西师范大学出版社，2023：148.

克利分校、斯坦福大学为代表，走向了科技精英的创新型文化。迪朗在这里举了一个例子，即斯图尔特·布兰德（Stewart Brand）。布兰德出生于1938年，1960年毕业于斯坦福大学生物系，随后去服兵役，之后回到旧金山学习设计和摄影。布兰德的贡献包括参加了后来被称为"所有演示之母"的计算机演示活动以及出版了《全球概览》（Whole Earth Catalogue）。他在《全球概览》中列出了他认为有用的所有物品以及获得这些物品的方法，该书成为当时"自己动手"（DIY）精神的象征。1985年布兰德与他人共同创办了最早的在线论坛之一WELL，并成为麻省理工学院媒体实验室的客座研究员，还为壳牌公司和美国电话电报公司等大型跨国公司举办了一系列讲座。1987年，他成为全球商业网络（Global Business Network）的创始人之一。布兰德可谓美国科技精英中的精英，他从反抗主流文化的"垮掉的一代"中走出来，成为科技创新型人才的象征，并在80年代成为科技创新企业的明星。用迪朗的话来说："斯图尔特·布兰德的生平生动地说明了从嬉皮士社群到支持占统治地位的经济和政治力量推动变革的转变。"也就是说，对于加州的60年代的青年亚文化来说，当时具有反抗精神的嬉皮士一跃成为20世纪末的科技新贵，并成为另一种新的"保守"力量。

这也代表着，美国60年代的加州青年的意识形态，或者说嬉皮士精神和朋克精神，在本质上就是精英青年的反抗，他们反抗的是当时凯恩斯主义下的工业资本主义贵族和官僚制的国家资本主义,用所谓的朋克文化解构了总体化的资本主义治理模式。也正是因为如此,这些曾经反抗资本主义的朋克青年,在80年代之后,迅速拥抱了凯恩斯主义的对立面——以哈耶克、米塞斯等人为代表的新自由主义经济学。在文学领域,他们更为欣赏的作者是从俄罗斯流亡美国的作者安·兰德(Ayn Rand)。在那个年代安·兰德的小说中的男主角都带有一种特定的模式,即英武帅气,有责任感,有开拓精神。换言之,安·兰德用她的小说塑造了一种"精英男士"的形象,成为80年代美国新自由主义文化精神的象征。可以说,无论是布兰德,还是安·兰德笔下的"精英男士",都成了后来加州意识形态神话的重要蓝本,我们可以从乔布斯、比尔·盖茨、贝索斯、马斯克、扎克伯格等人的传记和报道中看到安·兰德"精英男士"的影子。所谓60年代的加州意识形态,在20世纪八九十年代,甚至直到今天,已经成为一种特定的成功创业型精英的标准配置。他们一般都是从名校理工类专业毕业,具有开拓精神和创新精神,拥有一家创新型企业(独角兽企业),并创造了一个又一个经济神话。一旦这个神话结晶成型,他们便成为新的保守派,表面上他们代表着革新和创造,但实际上他们成了普通人甚至是传统资本家不可跨越的阶层。他们在湾区,在硅谷,在全世界各个地方,经营着他们的神话。他们集精英科技学者、创业型企业家、文化明星于一身,成为全世界各地科技人才向往的目标,从东京、香港到巴黎,从孟买到约翰内斯堡,几乎所有国家的新型科技人才都将这种带有加州意识形态的形象的神话作为自己的奋斗目标。换言之,当年那个从工人阶级努力奋斗获得成功的古铜色的"美国梦",已经被置换成科技精英的闪耀着钻石般光芒的加州版"美国梦"。

这或许是优步的首席执行官特拉维斯·卡兰尼克(Travis Kalanick)用安·兰德的畅销书之一《源泉》(The Fountainhead)的封面作为自己推特头像的原因吧,因为这种"精英男士"形象已经成为全世界企业家和新贵的象征。这种精神象征的集合成了人们津津乐道的"硅谷共识",它已经取代工业文明时代的"华盛顿共识"。今天,无论是韩国的首尔、印度的班加罗尔还是埃及的开罗都在建设自己的硅谷,这也足以说明加州意识形态和"硅谷共识"神话的巨大全球影响力。不过,我们不要忘了,正如迪朗所说,加州意识形态和"硅谷共识"其实都是保守的资本主义思想,在这些精英人士的奋斗期,代表着对之前的国家资本主义的反抗,一旦他们登上了"王座",他们就变成了这个世界最保守的力量。正如迪朗所看到的:"'硅谷共识'背后的驱动力在于,在利用加州经验的感召力的同时,赋予数字技术的应用以意义。硅谷——或者说被施了魔法的硅谷表象——是新资本主义的展示窗口。"简单来说,"硅谷共识"和加州意识形态只是一种遮蔽了真实资本主义运动的魔法,这种魔法本身不会赚钱,就像魔术师不可能真的变出一只不存在的鸽子。那么,我们要洞悉今天资本主义的奥秘,就不能追随加州意识形态的神话，而是需要扯开其背后的幕布，看一看数字技术是如何在资本主义社会经营的，即它们一本万利的奥秘。

二、无形资产租金与掠夺式积累

对于那些加州科技新贵和所谓的科技新创公司，我们不能从所谓的加州意识形态和"硅谷共识"角度来认识他们的成功，因为当代西方资本主义国家用诞生于20世纪八九十年代的新自由主义理论，将这些加州高科技公司的创业者的成功描绘为他们依赖于自己的高科技教育、创新精神和独特人格魅力缔造了诸如马斯克、贝索斯、卡兰尼克、比尔·盖茨、乔布斯等神话，仿佛一旦具有了这些人格特质，一个人就自动地具有创建上亿美元资产公司的先决条件。但人格魅力不会自动获得利润，神话也不会带来真正的利益和回报。因此，这些在21世纪最初二十年里登上《福布斯》排行榜前列的高科技公司真正的收益方式在一定程度上被掩盖了。

那么他们究竟如何获得收益？在迪朗的《技术封建主义》出版之前，斯洛文尼亚的哲学家斯拉沃热·齐泽克就曾经指出这些高科技新贵获利的奥秘。齐泽克指出："通过公有财产私有化而出现的新巨型公司（至少在某种程度上）证明，我们今天正在目睹新封建主义、封建资本主义的崛起。通过控制我们的公共资源，新领主（比尔·盖茨、埃隆·马斯克）的行为类似于封建主。……资本家的利润来源于雇佣工人通过生产商品所创造的剩余价值,而领主则不同,他们通过垄断、胁迫和地租攫取价值。……数字平台是新的水磨坊,亿万富翁是新的领主,成千上万的工人和数十亿用户是新的农奴。这就是苹果、微软、脸书和谷歌的运作方式。我们保留了个人选择的自由,但选择的范围则由将我们公共资源的特定部分私有化的公司决定:我们通过谷歌搜索我们需要的任何信息,我们通过脸书自由决定我们的公共身份,等等。这些巨型公司试图将我们的未来殖民化(盖茨经常提出组织我们未来生活的计划),甚至将外层空间殖民化(马斯克拥有许多卫星,并计划在火星上建造定居点)。"[1] 换言之,人们发现,这些科技新贵之所以获得了源源不断的财富,并不在于他们进行了科技创新,也不在于他们开拓了人类的未来,而是在于他们占据了新的领地,不断从中收取租金。这也是后来雅尼斯·瓦鲁法基斯和约迪·迪恩对当代高科技新贵的判断,认为他们不再是资产阶级,而是进行"新圈地运动"的封建领主。

不过,塞德里克·迪朗采用了另一种解释方式,他对技术封建主义的关心,并不在于一种高科技产业缔造出来的新领地,例如本杰明·布拉顿(Benjamin Bratton)提出的"领云"[2]。迪

---

[1] Slavoj Žižek, *Heaven in Disorder*. New York: OR Books, 2021, p. 122.
[2] 对于本杰明·布拉顿提出的"领云"的更详细分析,可以参见:蓝江. 如何思考全球数字资本主义? 当代社会批判理论下的哲学反思. 上海:上海人民出版社,2024:169-175。

朗采用的是无形资产分析，迪朗对无形资产的界定是，无形资产"是计算机代码、设计、数据库或程序，可以无限复制而不失其内在品质。这些都是非竞争性资产"。在前数字时代，无形资产主要表现为各种出版物、文化产品以及知识产权之类的产品。但数字化和通信技术的发展让无形资产嵌入社会体制的程度和广度大幅度提升，今天的无形资产已经不限于在有限范围传播的文化产品和知识产权，而是一整套陪伴我们学习、生活、生产、创新的无形环境。例如，当我们想看某个影片的时候，会点开网飞或优酷的界面，而在需要玩游戏的时候，会打开 Steam 的应用。与之对应的是，如果一个动画设计师和游戏设计师想开发一个新游戏，就离不开 Unreal Engine、Processing 等虚拟引擎和开发工具，而人工智能的工具开发也离不开一系列 AIGC 工具。现在的问题是，今天我们在网络世界中的所有活动都不得不依赖于各种工具和应用来进行，当然，这些工具和应用都不是免费的，我们需要缴纳一定的费用。这些费用并不是购买软件的费用，而是租金，我们相当于向工具和应用拥有方缴纳类似于封建时代的地租。

在这个基础上，迪朗进一步将无形资产的租金划分成了四种不同的形式：

（1）知识产权租金。这是最容易理解的租金形式，在数字化和网络时代之前，就存在着这种租金形式。一家开发公司不会用自己发明的专利去生产产品，于是将专利许可给他人使用，而其他愿意生产产品的企业则需要向这家公司缴纳专利费，专利费就是知识产权租金的形式。

（2）自然垄断租金。迪朗所说的"自然垄断"这个词的核心在于垄断，而不是自然。原因在于，互联网时代对空间的重组让更多资源和无形资产被垄断在少数平台企业手中，因此，对应这种垄断，自然就形成了租金机制。其中，迪朗举的例子是美国的铁路网，"即市场结构本身是三种要素作用的结果——网络互补性、规模经济和沉没投资。以铁路网为例，铁路网的覆盖面越广，作用就越大（网络互补性）；然而，铁路网的组织涉及固定成本（规模经济）；最后，铁路线一旦建成，就不可能再收回投资（沉没成本）。在这种情况下，由一家公司管理比开放竞争的市场更经济实惠"。铁路这种投资具有垄断的规模效应，与之类似的还有全球的物流系统和物联网体系，并且这些投资都是沉没投资，不可能在市场上反复交易这些基础设施的所有权，唯一的获利方式就是对使用这些基础设施的单位收取租金。但是在数字时代，从铁路网到物流网，还有一个更为根本的自然垄断租金，即通信网络基础设施租金。各国的通信公司经营着各种通信网络基础设施（例如海底电缆），使得通信网络实现从4G到5G甚至到6G的升级。要知道，未来的人工智能产业以及元宇宙、智能驾驶、智能家居等智能化产业都需要依赖于这些通信网络基础设施，因此像美国电话电报公司、T-Mobile等公司自然地向所有使用这些设施的企业和个人收取自然垄断租金。

（3）无形资产的级差地租。级差地租是源自威廉·配第、大卫·李嘉图的政治经济学概念，后来在马克思的《资本论》中得到了更进一步的讨论。级差地租的来源是，土地不是抽象的，而是具体的，每一片土地由于肥沃程度和地理位置的差别而会呈现出收益上的级差。因此，地主自然会对收益更高的土地收取更高的地租，对次级土地则征收相对较少的地租。这种更肥沃的土地被马克思定义为"第Ⅰ级土地"，第Ⅰ级土地之所以能产生级差地租，是因为它们会产生相对于其他土地的"超额利润"。马克思对级差地租的描述是："在配第的著作中，我们也看到关于级差地租的最初概念。他不是从同样大小地段的不同肥力引出级差地租，而是从同等肥力的地段的不同位置、从它们对市场的不同距离引出级差地租，大家知道，后者是级差地租的一个要素。"① 迪朗之所以在《技术封建主义》一书中提及级差地租，就是因为在数字时代的产业链和生产中，也存在着巨大的"超额利润"。例如，一家公司如果能加入苹果公司的产业链，就意味着其在业界地位的提升，也意味着其产品具有质量保障和信用保障，因此，这家公司将获得更高的市场收益。换句话说，在不在苹果公司的产业链之内，会产生收益的级差，自然，苹果公司就会向进入苹果公司产业链的企业收取

---

① 马克思，恩格斯. 马克思恩格斯全集：第37卷. 2版. 北京：人民出版社，2019：379.

所谓的无形资产的级差地租。同样的例子还有TikTok的直播平台，在TikTok上直播和在其他平台上直播，主播获得的关注度和粉丝量是不一样的，那么TikTok就可以向在其平台上直播的主播收取相应的使用平台的级差地租。

（4）动态创新租金。事实上，在迪朗给出的无形资产的四种租金中，最难以理解的就是动态创新租金。迪朗很敏锐地观察到，今天的创新已经不再单纯依赖于某些天才的聪明才智，也不依赖于神奇人物的灵光乍现，而是依赖于广大的数据库。迪朗说："数据积累是互联网巨头商业模式的核心。用户产生的数据使这些公司能够改善用户体验、设计有针对性的广告或销售个性化服务。但数据在创新过程中的重要性并不仅限于这些公司。……工业过程中产生的数据，尤其是在预测性维护领域，是设备制造商与其客户之间激烈谈判的知识产权问题的主体。原因很简单，也很关键，因为这些数据是研发过程中必不可少的投入。"这些数据产品就是下一代产业创新不可或缺的利器。例如，网飞公司通过大量的数据分析，得知什么颜色、大小和形状的广告不会引起用户反感，甚至可以提高关注度和点击率。在TikTok和YouTube的短视频中，后台的数据算法会告诉你哪种装扮会吸引什么样的人群，哪种说话方式更能让观众驻足观赏。同样，开发智能驾驶应用的工程师，需要在真实驾驶的汽车司机的基础上，分析智能驾驶策略，从而提供更优化的智能驾驶方案。可见，在数字时代和智能时代，一方面，任何创新和开发都离不开广泛的数据产品，但另一方面，这些数据产品都不是免费的，需要缴纳一定的租金后才能使用，也就是说，未来的科技创新在一定程度上依赖于这些动态创新租金。

然而，无形资产的租金是否像有形资产的剩余价值一样，可以通过一个严格的计算公式来判断这些数字时代的新领主们向广大用户和企业收取的租金是否合理？对于这个问题，迪朗的答案是否定的，这也是他认为在这里存在一个技术封建主义假说的原因所在。工人的剩余价值是可以计算的，因为资本家的利润就是工人在超出社会必要劳动时间的劳动时间中创造的价值。在这里，迪朗并没有沿着马克思在《资本论》第二卷中的分析前进，而是转向了美国制度经济学家托斯丹·凡勃伦（Thorstein Veblen）的《有闲阶级论》中关于掠夺的分析。例如，凡勃伦强调："当他进入掠夺文化阶段以后，比较狭义的利己主义成为主要特征，但上述性格不仅没有跟他分离，而且是决定他的生活方式时普遍存在的特征。这时构成经济的基本动机的仍然是贪图成就，厌恶徒劳。性格的变化，只是在于其表现的形态方面，在于男子的活动所指向的直接目的物方面。在个体所有制下，明确地达到一种目的的最有效方法，是由财物的取得和累积所提供的。当人与人之间利己性的对立达到了进一步的自觉形态时，希图有所成就的倾向——作业的本能——就逐步发展成为在金钱成就上胜过别人的努力。这时个人的相对成就，在彼此之间歧视性的金钱的对比下受到考验的，就成为行动的习惯目标。在一般理解下，凡是与别人作对比时可以占有优势的成就，就是努力的正当目的。"① 凡勃伦已经十分清楚地表明，当有闲阶级（他们总是以某种特殊方式彰显他们相对于其他阶级的优势地位）出现时，他们需要从其他阶级那里掠夺，来表明自己的优势地位。掠夺的关键不在于数量，而在于它是地位的象征。

换言之，在今天的数字资本时代，高科技产业和平台企业的特殊之处不在于它们可以创造新的产业，而是在于它们形成了全新的"有闲阶级"，它们需要不断地掠夺普通人来彰显它们的价值，它们在《福布斯》排行榜上的地位恰恰是对普通人和生产企业无限掠夺的结果。这种掠夺建立在普通用户对数字平台或者说无形资产的高度依赖性的基础上，而数字平台这种领地就是新领主的象征，因此迪朗才明确指出："在数字政治经济学中，将掠夺而不是生产视为主要模式会引发更多问题，而不是解决问题。从宏观经济动态的角度来看，这表明用于保护和扩大数字地租控制权的投资优先于生产性投资。这清楚地表明了新兴生产方式的反动性。"迪朗所说的"新兴生产方式的反动性"就是技术封建主义的掠夺性，意味着封建式掠夺超越了资本主义生产，租金的无序性取代了利润的有序性，这就是所谓的技术封建主义假说。

---

① 凡勃伦. 有闲阶级论. 蔡受百，译. 北京：商务印书馆，2019：27-28.

三、技术封建主义假说与共产主义的可能性

什么是技术封建主义假说？迪朗在书中对于这个问题并没有给出明确的说法，不过，另一位谈论"技术封建主义"的经济学家雅尼斯·瓦鲁法基斯在一次访谈中对技术封建主义假说给出了明确的界定：

> 资本日益强大，但资本主义正在消亡。一个新的体系正在取代资本主义，在这个体系中，一个新的统治阶级拥有并掌管着作为资本主义润滑剂的国家货币（而不是利润），以及极少数人让多数人为其工作的新的非市场领域。资本主义利润（亚当·斯密和马克思所理解的企业利润）正在消失，而新形式的租金正在控制国家和数字领地的新技术领主的账户中积累，在这些领地中，无偿或不稳定的工作由大众完成——他们开始类似于技术农民。①

与此同时，齐泽克在 2024 年最新出版的《基督教的无神论：如何做一个真正的唯物主义者》(*Christian Atheism*：*How to Be a Real Materialist*？)中谈道："一种新的社会秩序正在从全球资本主义的废墟中崛起，这种秩序被称为技术封建主义或云资本

---

① Yanis Varoufakis and Evgeny Morozov in dialogue, "Yanis Varoufakis on Crypto, the Left, and Techno-Feudalism", *The Crypto Syllabus*, 26 January, 2022.

主义，它使真正的资本家及其剥削的工人从属于由我们的新封建主（贝索斯、马斯克、比尔·盖茨……）控制的垄断数字公地。市场交换越来越多地以数字平台为中介（亚马逊的图书等），而资本家（这里指图书出版商）则是向封建主支付租金以销售其产品的附庸（如果一家出版商被排除在亚马逊之外，它实际上就无法生存）。而我们这些买家则是农奴，无偿地为云服务（上网并通过每次点击提供数据）。因此，通过自我学习和自我完善的算法运行的数字云是最新的'神圣'实体，它们在很大程度上摆脱了其创造者的控制，甚至摆脱了创造它们的程序员的控制。这些调节我们实际生活的'神圣'数字云的问题在于，它们加大了阶级斗争：资本家和无产者之间的老式阶级斗争依然存在，资本家从剥削无产者的过程中攫取利益，但新的封建阶级对整个领域（包括资本家）的剥削是对这种阶级斗争的补充，新的封建阶级从我们身上榨取租金，以换取我们对私有化公地的永久使用权。"① 从瓦鲁法基斯和齐泽克的描述中我们不难看出，技术封建主义假说的核心是：资本主义的生产方式日益衰落，但不至于消亡，在今天的数字社会中，起主导作用的不再是资本主义的生产，而是数字化平台和垄断造成的租金模式，这就是新封建主义。

迪朗显然将技术封建主义的诞生与数字技术和智能社会的

---

① Slavoj Žižek, *Christian Atheism: How to Be a Real Materialist*. London: Bloomsbury Academic, 2024, p. 202.

推荐序　技术封建主义假说及其悖谬

来临联系起来，在《技术封建主义》的最后一章"技术封建主义假说"中，他显然认为技术封建主义之所以出现，原因就在于数据资源的垄断性和稀缺性。迪朗说："征服网络空间的战略包括控制数据流——接入我们的电话和电脑、机床和车辆的传感器、我们家中的传感器等。就像油井一样，个人和组织活动产生的数据并不是无穷无尽可以捕捉的。在吸引我们的注意力方面也是如此。因此，原始数据存在绝对稀缺性。"迪朗对于数字社会的判断，直接来自英国信息理论家维克托·迈尔-舍恩伯格（Victor Mayer-Schönberger）和肯尼思·库克耶（Kenneth Cukier）在《大数据时代：生活、工作与思维的大变革》中的观点："无处不在的数据化，像其他基础设施那样，会给社会带来根本性的变革。"[1] 显然，舍恩伯格和库克耶关于数字化的未来是十分乐观的，在他们撰写这部著作十多年后，人们发现数字化技术不仅没有带来舍恩伯格和库克耶所说的更灿烂的明天，相反，所有人作为用户已经高度地被裹挟在大数据平台和数字资本的云领地之中，它们将数据流和光纤插在人们身上，源源不断地从这些普通用户和寻常的企业身上获得租金和活力，人们成了数字化时代的农奴，成为高度依附于云封地的存在物。一旦人们脱离了这些云封地，脱离了数字化空间和数据，便会堕落为这个时代的赤裸生命。

---

[1]　维克托·迈尔-舍恩伯格，肯尼思·库克耶. 大数据时代：生活、工作与思维的大变革. 盛杨燕，周涛，译. 杭州：浙江人民出版社，2013：125.

技术封建主义假说之所以吸引人，是因为它的确在21世纪20年代解释了为什么今天在西方发达资本主义国家出现了严重的两极分化，一方面是贝索斯、库克、马斯克、扎克伯格等科技新贵们富可敌国，吸引了来自全世界的关注，带来了未来科技色彩的创新光环，另一方面是依附于数字平台的用户（或者可以称为云农奴）日益恶化的生活，他们债台高筑，收入甚至无法支付利息，越来越多的中产阶级走向破产的边缘。按照叶夫根尼·莫罗佐夫的说法就是："简单地说，我们被困在科技公司的围墙里，我们的数据被精心提取、编目和货币化，使我们永远与科技公司绑定在一起。这削弱了市场竞争的生产力诱导效应，让那些控制无形资产的人无须参与生产，就能获得令人印象深刻的价值。"[1] 但迪朗关心的是，如果从马克思的政治经济学批判出发，则关键在于数字化的生产方式是否改变了既有的生产关系。这是因为，在此之前，澳大利亚左翼思想家麦肯齐·瓦克（McKenzie Wark）就曾经提出在数字化资本主义时代，资本与劳动的关系已经出现了根本性转变，新的阶级关系不是农民与地主、无产者与资本家的对立关系，而是黑客阶级与"向量阶级"（vectorialist class）[2] 的对立关系。瓦克的意思是，黑客阶级生产数据和信息，但无法将之价值化，而向量阶

---

[1] Evgeny Morozov, "Critique of Techno-Feudal Reason", *New Left Review*, 2022, vol. 133 – 134. p. 116.

[2] 关于向量阶级的说法，可以参见麦肯齐·瓦克的《资本已死》一书：McKenzie Wark, *Capital Is Dead*, London: Verso, 2019. p. 98。

级拥有大量的平台,这些平台拥有可以将数据价值化的物质条件,黑客阶级的获利完全依赖于向量阶级。但黑客阶级与向量阶级的对立,并不是数字化时代的全部内容,它顶多只是少数数字科技精英中存在的状况。因此,在迪朗看来,真正分析技术封建主义假说,仍然需要回到马克思在《〈政治经济学批判〉序言》中提到的在社会生活和生产中形成的那些确定的、必然的和独立的关系,这种关系就是生产关系。但按照迪朗的理解,这种生产关系告诉我们,一旦我们真正思考无形资产的获利方式,它们就只能是租金和地租。迪朗说:"一旦我们认真对待地租问题,数字技术的政治经济学就变成了一种技术封建主义逻辑。如今,数字地租的概念非常普遍。"迪朗在《技术封建主义》中看到的生产关系事实是,无形资产的地租或租金已经成为数字技术下最基本的生产关系的表现形式,这种生产关系并没有排斥资产阶级与雇佣阶层的生产关系,但是,雇佣生产关系必须以这种地租或租金为基础,拥有无形资产的新领主无疑已经成为生产关系的绝对主导者,生产的竞争性和利润已经成为地租或租金的附庸。在这个基础上,迪朗得出了技术封建主义假说的一个结论:

> 但无形资产的崛起正在颠覆这一传统逻辑。随着数字资产与其用户变得密不可分,个人和组织的流动性受到阻碍。这种依附性打破了竞争态势,使那些控制无形资产的人比竞争对手更具优势,无须真正投入生产即可获取价值。

于是，一种捕获关系占据着统治地位。在这种状况下，投资的目的不再是发展生产力，而是发展掠夺的力量。

在数字科技新贵成为这个时代的新领主的同时，在生产关系的另一边，是工人和无产阶级的坠落。原先在资本主义雇佣关系下稳定的生产关系，即工人可以通过在一段固定时间内出售自己的劳动力来赚得薪资，或者说，在后来的劳动法的保障下，工人可以得到养老保险、医疗保险、失业保险等福利待遇，在技术封建主义的冲击下日益土崩瓦解。取而代之的是零工经济，工人没有失业，他们只是失去稳定的工作，他们要活下去，就得把自己变成老板，或者变成天天物色不同工作的"朝不保夕的人"，或者说"流众"（precariat）。[①] 这些从事零工经济的底层流众，可以白天当服务员和保洁员，中午送外卖，晚上开网约车，他们倒是发展了各种能力，特别像是马克思曾经提到的"全面发展的人"，比起在大机器面前只能从事单一化工作的工人看起来要强许多。或许，正是这种不断从事着各种零工、不断发展自己多样性能力的流众形象，启迪了塞德里克·迪朗。尽管迪朗在《技术封建主义》的结论部分看到了数字化的技术封建领主日益奢靡，不断从用户和附庸产业中掠夺租金的一面，让处于底层的朝不保夕的流众根本看不到任何解放的希望，但

[①] "流众"是英国社会学家盖伊·斯坦丁（Guy Standing）发明的一个概念，将"不稳定"（precarious）和"无产者"（proletariat）合并为一个词 precariat，我通常将其翻译为"流众"。关于盖伊·斯坦丁的说法可以参见：盖伊·斯坦丁. 朝不保夕的人. 徐偲骕，译. 杭州：浙江人民出版社，2023。

推荐序　技术封建主义假说及其悖谬

他随后笔锋一转，写道："在山脊的另一边，欢笑的溪流和郁郁葱葱的山谷散发着解放的希望。在马克思看来，积累的历史规律在某些方面有利于个人的发展。"迪朗为什么会这样认为呢？如果我们看到了马克思在《德意志意识形态》中对共产主义的描述，就不会为此感到困惑。马克思的原话是："而在共产主义社会里，任何人都没有特殊的活动范围，而是都可以在任何部门内发展，社会调节着整个生产，因而使我有可能随自己的兴趣今天干这事，明天干那事，上午打猎，下午捕鱼，傍晚从事畜牧，晚饭后从事批判，这样就不会使我老是一个猎人、渔夫、牧人或批判者。社会活动的这种固定化，我们本身的产物聚合为一种统治我们、不受我们控制、使我们的愿望不能实现并使我们的打算落空的物质力量，这是迄今为止历史发展中的主要因素之一。"① 也就是说，共产主义消除了个体在资本主义工业化大生产中片面化发展的状态，从而消除了个体的异化，马克思认为消除这种异化的前提条件是"要使这种异化成为一种'不堪忍受的'力量，即成为革命所要反对的力量，就必须让它把人类的大多数变成完全'没有财产的'人，同时这些人又同现存的有钱有教养的世界相对立"②。这不正是塞德里克·迪朗期待的时刻吗？技术封建主义假说一方面将人重新从片面的异

---

① 马克思，恩格斯. 马克思恩格斯选集：第 1 卷. 2 版. 北京：人民出版社，2012：165.
② 同①165-166.

化变成"全面的发展",而另一方面,这种"全面发展"的人恰恰是技术封建主义下"没有财产的人",他们在这个世界上如同蝼蚁一样活着,几乎看不到任何希望,这岂不是表现为资本主义或技术封建主义已经成为他们"不堪忍受的力量",与此同时,他们表现为与那些数字时代的巨贾富商们相对立?在刹那间,迪朗感受到,马克思的共产主义的哲学前提似乎要在数字化的技术封建主义下得以实现,所以他才能感受到"欢笑的溪流和郁郁葱葱的山谷散发着解放的希望"。

无论如何,在迪朗看来,技术封建主义假说同时也孕育了未来共产主义和真正经济民主的可能性,尽管在眼前看不到希望,但人的全面发展已经让世界断裂为新封建领主与巨大的云农奴和云无产者两个不同且互相对立的世界,在它们彼此的裂缝中,我们似乎看到了悖谬式的希望:一边是惨不忍睹的被数字资本和云封地碾压的人格,所有的流众都在艰难地活着;另一边是技术封建主义已经将统治和垄断推向了极致,仿佛烈火立刻将会从它们的王国中喷发。这正是迪朗在《技术封建主义》一书的结尾为我们留下的希望的火种,即便这种火种充满悖谬:

> 未来属于算法这只看不见的手。得益于数字反馈回路,基于商品的贫乏和混乱分流而维持劳动分工变得不再必要。在这种新型经济计算的霸权来临之际,问题是谁将成为操作者。技术封建主义堡垒的领导者声称,他们垄断了对生产和消费的社会经济过程的知识控制。但个人去现实化的

阻力是这一计划的严重障碍。"全面发展的个人"的出现意味着对市场的告别与主体性的再投资齐头并进,尤其诉诸真正的经济民主形式。只有这样,每个人自由选择的自主权界限才能与集体和有意识地掌控经济问题及其在生物圈中的地位相适应。

前　言

1990年3月1日，美国特勤局（USSS）特工持搜查令闯入史蒂夫·杰克逊游戏公司（Steve Jackson Games）。这是一家总部位于得克萨斯州奥斯汀市的小公司，主要设计和发行角色扮演游戏。特工们带走了三台电脑、两台激光打印机、若干软盘和纸张。他们还带走了一份手稿。最新的《泛用无界角色扮演系统》（*Generic Universal Role Playing System*，*GURPS*）是该公司的特色产品。它是一种由规则、角色和场景组成的游戏设定集，这些规则、角色和场景构成了可供玩家体验的世界的基本要素。被查获的手稿是《赛博朋克》（*Cyberpunk*），其作者洛伊德·布兰肯希普（Loyd Blankenship）早些时候曾因计算机黑客行为被捕。他还撰写了一份1986年出版的黑客宣言。调查人员正在追捕他。贝尔电信公司注意到，一个描述911紧急呼叫系统管理情况的文件被复制到了一个名为"光明会"(illuminati)的服务器上,该服务器由布兰肯希普管理。尽管该案在法律上被驳回,但这本被当局夸大描述为"计算机犯罪手册"的书《赛博朋克》倒因为这起事件获得了媒体关注。① 这本书的"经济"部分提出了技术封建主义的概念:

> 当世界变得更加艰难时,出于适应的必要,公司会变得更加强硬。这种"优先保护自己"的态度往往被称为技术封建主义。与封建制度类似,它是一种对混乱环境的反应,公司向员工提供支持和保护,以此换取员工的服务和忠诚。……
>
> 但在缺乏适当监管的情况下,大型公司会联合起来形成准垄断。为了实现利润最大化,它们会限制消费者的选择,并收购或淘汰可能破坏其利益集团的竞争对手。②

布兰肯希普为玩家提供了一个赛博朋克式的乌托邦世界,在这个世界里,人们无法与大企业的力量抗衡。权力超过国家

---

① Jon PETERSEN, «Your cyberpunk games are dangerous/Offworld», boingboing.net, 8 mai 2015; Peter H. LEWIS, «The executive computer: can invaders be stopped but civil liberties upheld?», *The New York Times*, 9 septembre 1990; «The top ten media errors about the SJ Games raid», sjgames.com, 12 octobre 1994.

② Loyd BLANKENSHIP, *Gurps Cyberpunk. High-Tech Low-Life Roleplaying*, Steve Jackson Games, Austin, 1990, p. 104. 除非另有说明,所有引用均由作者翻译。有关赛博朋克世界及其议题的介绍,参见:Yannick RUMPALA, *Cyberpunk's Not Dead. Laboratoire d'un futur entre technocapitalisme et posthumanité*, Le Bélial', Moret-Loing-et-Orvanne, 2021.

的巨型企业成为占统治地位的社会力量。因此，公民的作用被边缘化，而与公司关联的利益相关者（股东、工人、客户、债权人）的作用则更为重要。因此，占统治地位的社会关系是一种个人依赖公司的依附关系。公司成为保护性实体，是混乱世界中的"稳定之岛"。这些强大的私人垄断企业已经凌驾于政府之上，甚至成为封地。大公司管理层对他们控制的社会空间和居住其间的个体行使着密不可分的政治和经济权力。

20世纪80年代的"赛博朋克预言"并非真正的预言。它不过是一种游戏化的幻想，无法为我们提供理解当代世界的钥匙。然而……几十年过去了，我们很难不注意到，这种幻想中形成的某些直觉在今天如此适用。

首先，不可否认，跨国公司对当代社会的控制力大大增强。这不仅仅是规模的问题。随着远程信息处理技术、知识产权和数据中心化的发展，跨国公司对地盘和个人的控制愈发严密。其次，虽然政府本身没有退出，但有迹象表明，政府相较于大型企业有被削弱的迹象。例如，跨国公司的实际税率从20世纪90年代的35%以上降至2010年下半年的25%以下。[1] 与此同

---

[1] Rochelle TOPLENSKY, «Multinationals pay lower taxes than a decade ago», *Financial Times*, 11 mars 2018. 以美国公司为重点的多项研究证实了这一趋势，参见：Scott D. DYRENG, Michelle HANLON, Edward L. MAYDEW et Jacob R. THORNOCK, «Changes in corporate effective tax rates over the past 25 years», *Journal of Financial Economics*, vol. 124, n° 3, 2017, pp. 441-463; Thomas WRIGHT et Gabriel ZUCMAN, «The exorbitant tax privilege», *NBER Working Paper*, n° w24983, 2018.

时，商界影响政治的能力显著增强，尤其是游说支出的增加[1]，以及越来越明目张胆的影响力博弈[2]，这些博弈脱离了正式的民主程序。民主因失去实质内容而枯竭，高收入国家选举领域的重构预示着自由政治秩序的脆弱。如今，现代国家的这一辅助手段在不平等的压力下摇摇欲坠。

许多迹象表明，世界正在变得混乱。关于生态崩溃的讨论越来越多，这让赛博朋克式的乌托邦重获新生。针对系统脆弱性的一种可能应对措施涉及安全议程，旨在遏制社会混乱的威胁。[3]

这些要素证明不了什么。它们只是一些线索，呼应着技术封建主义倒退的直觉。它们是一支可以牵动的脉络，一条可以探索的路径，一个可能的起点。仅此而已。但是，如果我们要解决当代政治经济学的关键问题，还有很长的路要走——资本主义和数字技术之间是什么关系？追求利润的动机和数字流动性如何相互作用？系统逻辑会不会正在发生变化，而我们被纷乱的资本主义危机蒙蔽的双眼尚未看清？

本书探讨了这一假设，全书分为四章。第一章是解构，探讨了数字技术预示着资本主义"新黄金时代"的叙事谱系，并

---

[1] 美国官方游说支出数据汇总于 opensecrets.org 网站，欧洲官方游说支出数据汇总于 lobbyfacts.eu 网站。

[2] Pepper D. CULPEPPER, *Quiet Politics and Business Power. Corporate Control in Europe and Japan*, Cambridge University Press, New York, 2012.

[3] 参见：Nick BOSTROM, «The vulnerable world hypothesis», *Global Policy*, vol. 10, n° 4, 2019。

揭示了其中的缺陷。我们生活在**幻想**之中。自20世纪最后几年以来，硅谷及其初创企业对政治想象力产生了巨大的吸引力，为晚期资本主义提供了神话般的青春光彩。这种意识形态的起源是什么？它的理论基础是什么？它有哪些缺陷？

第二章探讨了与数字技术相关的新统治形式。是什么驱使个人行为在虚拟领域扎根？算法监控逻辑与政治和经济逻辑有何关联？我们需要掌握一种全新的社会和政治基础。

第三章探讨了经济学家所谓"无形资产"（软件、数据库、商标等）的崛起的经济后果，这些资产的使用范围远远超出了科技领域。全球化体现为生产流程的国际分散，导致全球范围内地域和工人之间的竞争。与属下阶层竞争加剧形成对比的是，强大的垄断逻辑对跨国公司有利，它们控制着全球价值链的信息基础设施。尽管知识产权的收紧限制了知识的使用，但信息流程的产业化正在助长空前强大的食利者逻辑，并预示着一个全新垄断时代的到来。

鉴于社会经济变革的重要性，本书最后一章即第四章探讨了这些变革对资本主义未来的影响。这里的重点是整个生产方式的逻辑，也就是对行为主体的政治和经济限制以及由此产生的动态。对封建主义概念的深入探讨揭示出资本主义的独特性，并突出中世纪类型的社会代谢在当代社会中吊诡的复苏——我称之为"技术封建主义假说"。

目　录

第一章　加州意识形态的苦难 …………………… 001

　　"硅谷共识" ………………………………… 004

　　新资本主义的五个悖论 …………………… 027

　　重塑公共领域 ……………………………… 067

第二章　数字统治 ………………………………… 074

　　征服的时代 ………………………………… 074

　　算法治理和监控资本主义 ………………… 086

　　新的数字土地 ……………………………… 107

　　自动化社会控制 …………………………… 121

第三章　无形资产的食利者 ……………………… 125

　　全球化世界的知识垄断 …………………… 125

租金机制 ·············· 131
　　　破坏垄断 ·············· 140

第四章　技术封建主义假说 ············ 146
　　　什么是封建主义？ ·············· 146
　　　技术封建主义的逻辑 ············ 172

结　论　社会化的幸与不幸 ············ 193

附录一　生产率和价格指数：高度政治化的问题 ······ 201

附录二　反垄断嬉皮士与芝加哥学派 ········ 203
　　　亚马逊悖论 ·············· 206
　　　竞争的局限 ·············· 210

致　谢 ···················· 216

第一章

加州意识形态的苦难

机动灵活，不拘泥形式，注定像冒险家一样灭亡。

——夏尔·贝玑（Charles Péguy）[1]

硅谷是 20 世纪 70 年代初比斯开湾以南地区的别称。在旧金山的圣何塞市周围，有大量利用包括硅在内的半导体材料制造电子元件的公司。1976 年，史蒂夫·沃兹尼亚克（Steve Wozniak）和史蒂夫·乔布斯（Steve Jobs）在这里创造并销售了他们的第一台个人电脑 Apple I。斯坦福大学、沙丘路的风险投资公司和美国国家航空航天局（NASA）的工程师运行超级计算机的艾姆斯研究中心（Ames Research Center）共同构成了一个生态系统，尖端研究、公共投资和私人企业在这里发挥着完美的协同作用，数十年来吸引了来自世界各地的研究人员和工

---

[1] Charles PÉGUY, «La tapisserie de sainte Geneviève et de Jeanne d'Arc», *Morceaux choisis de poésie*, Gallimard, «Le livre de poche chrétien», Paris, 1962, p. 91.

程师。这种非凡的活力让这个人口不到四百万的小地区成为众多大型高科技公司的总部所在地，包括 Alphabet、脸书（Facebook）、惠普（HP）、网飞（Netflix）和特斯拉（Tesla）。这里也是美国百万富翁和亿万富翁最密集的地方。①

这个独特的地方是初创企业的天堂。初创企业是我们这个时代的真正英雄，它汇聚了两种强烈的愿望。一方面是完全的职业自主权，它带来了紧张而有趣的工作生活的满足感；另一方面是集体冒险，虽然失败的风险很大，但发明和财富的曙光让风险值得一冒。成功属于那些找到神奇方案的人——正确的想法出现在正确的时机，就有望像野火一样蔓延开来。美国西海岸初创企业成为巨头的传奇故事，滋养着这种大胆、开明和机遇的征服性想象力。

法国新任总统埃马纽埃尔·马克龙（Emmanuel Macron）在 2017 年 6 月 15 日用英语发布推特时，正是想要激活这些意义："我希望法国成为一个初创国家。一个像初创企业一样思考和行动的国家。"但从字面上看，总统发的推特是一种反常现象。"初创国家"的概念是一种矛盾修辞。② 初创企业的命运不

---

① Elizabeth EAVES, «America's greediest cities», *Forbes*, 3 décembre 2007.
② "初创国家"的概念借自一本专门介绍以色列高科技行业的同名书籍，该书旨在解释，为什么在 2009 年初，这个仅有 710 万居民的年轻国家有 63 家公司在美国主要高科技股票市场纳斯达克上市，比美国以外的任何其他国家都多。作者与新保守主义圈子关系密切，他们认为，义务兵役制和移民是以色列成功的两个主要原因，因为这两种制度灌输了敢于冒险的精神。参见：Dan SENOR et Saul SINGER, *Start-up Nation. The Story of Israel's Economic Miracle*, Twelve, New York, 2009; Gal BECKERMAN, «Senor decides against running for Senate, citing family and business», *The Forward*, 24 mars 2010.

第一章　加州意识形态的苦难

就是十次有九次失败吗？开展创新业务意味着接受高失败率以获得潜在的巨额投资回报，这正是它的基本原则。尽管资金雄厚的个人企业家、大富豪、通过子公司进行投资的大公司和诉诸特殊扶持计划的政府可以承担这样的风险，但让整个国家走这条道路纯粹是疯狂的经济行为。然而，培养少数"独角兽"企业——十年内估值超过十亿美元的初创企业——似乎已经成为雄心勃勃的政策的终极目标。

这种以企业为单位对经济政策问题的新表述，是负责制定这些政策的圈子内部理论演变的结果。第二次世界大战后，"凯恩斯共识"强调财政政策对实现充分就业的作用。20世纪末的"华盛顿共识"热衷于放松管制、私有化和紧缩政策，以使市场更好地运作。自21世纪以来，"硅谷共识"侧重于知识经济中的创新和创业精神。[①] 它以加州经验为基础，并利用了这种经验传达的巨大想象力。然而，"硅谷共识"引发的社会经济变革正在导致一系列悖论，这些悖论破坏了"硅谷共识"的基本假设，并预示着"硅谷共识"将被超越。

---

① "硅谷共识"一词由麻省理工学院的迈克尔·皮奥雷（Michael Piore）创造，他在一系列论文和演讲中使用了该词。参见：Michael PIORE et David SKINNER, «Economic policy in the time of reactionnary populism», International Conference on Globalisation: Regional Growth and the 4th Industrial Revolution, Bologne, 2017；Michael PIORE et Cauam FERREIRA CARDOSO, «SENAI＋ISIS. The Silicon Valley consensus meets organizational challenges in Brazil», *MIT-IPC Working Paper*, n° 17-005, 2017。不过，这一观点早在其他作者的著作中就已出现，尤其是玛丽安娜·马祖卡托（Mariana Mazzucato），她谈到过"硅谷神话"。参见：Mariana MAZZUCATO, *The Entrepreneurial State. Debunking Public vs. Private Sector Myths*, Anthem Press, «Anthem Frontiers of Global Political Economy», Londres/New York, 2014。

技术封建主义

"硅谷共识"

> 意识形态事实上从来都不是纯粹的虚构，而是对现实的扭曲认知，因此它们反过来会以扭曲的行为对现实产生影响。
> ——居伊·德波（Guy Debord）①

21世纪初，美国拉拢世界政治和经济精英参与的全球资本主义计划已初见成效。它的原则（自由贸易、资本自由流动、不分国籍平等对待投资者）已在大多数国家实施。② 然而，它受到了两方面的削弱，一是"华盛顿共识"政策带来的灾难性结果，二是这些政策引起的无法避免的抵抗。

从结果看，过去二十年在拉丁美洲和非洲实施的各种结构调整计划对促进发展毫无帮助。在东欧的大多数转轨国家，西方专家实施的休克疗法成功地造成了经济崩溃，除少数例外情况外，这些国家二十五年来仍未恢复元气。③ 最终，在1997年亚洲危机之后，国际货币基金组织（IMF）针对在过去几十年中使某些产业实现赶超的非正统政策进行粗暴干预。不仅整个地

---

① Guy DEBORD, *La Société du spectacle* [1967], Gallimard, Paris, 2008, p. 203.
② Sam GINDIN et Leo PANITCH, *The Making of Global Capitalism. The Political Economy of American Empire*, Verso, Londres/New York, 2012.
③ Branco MILANOVIĆ, «For whom the Wall fell ? A balance sheet of the transition to capitalism», The Globalist (blog), 7 novembre 2014.

第一章　加州意识形态的苦难

区直接受其影响的民众奋起反抗，发展中国家的一些精英也公开寻求摆脱西方专家的影响。为了在再次发生危机时摆脱国际货币基金组织的控制，许多国家的政府开始实施新紧缩政策，以积累外汇储备。经济学家的批评愈演愈烈，甚至在国际机构内部也是如此[1]，这与日益增多的街头抗议遥相呼应。当时，几乎没有哪个重要的国际会议不被示威和封锁破坏，比如1999年在西雅图举行的世界贸易组织（WTO）会议或2002年在热那亚举行的八国集团（G8）峰会。这些抗议活动在电视上播出，令人印象深刻，它们埋葬了幸福全球化的理念，并打破了支撑全球化的理论。到2000年，人们在苏联解体时对市场怀有的欣喜之情已完全消退。

用阿尔都塞（Althusser）的名言来说："意识形态代表了个人对其真实生存状况的想象关系。"[2] 正如另一位哲学家弗雷德里克·詹明信（Fredric Jameson）所写，意识形态形成了一种"认知地图"，使个人能够将自己的处境与更广泛的整体联系起来。[3] 因此，为了凝聚意志并使之发挥作用，自称占统治地位的

---

[1] Joseph E. STIGLITZ, *Globalization and its Discontents*, Norton, New York, 2002; Dani RODRIK, «Goodbye Washington consensus, Hello Washington confusion? A review of the World Bank's economic growth in the 1990s. Learning from a decade of reform», *Journal of Economic Literature*, vol. 44, n°4, 2006, p. 973-987; Ben FINE, Costas LAPAVITSAS et Jonathan PINCUS, *Development Policy in the Twenty-first Century. Beyond the Post-Washington Consensus*, Routledge, Londres, 2003.

[2] Louis ALTHUSSER, «Idéologie et appareils idéologiques d'État (Notes pour une recherche)», *Sur la reproduction*, PUF, «Actuel Marx Confrontations», Paris, 2014.

[3] Fredric JAMESON, «Postmodernism, or the cultural logic of late capitalism», *New Left Review*, vol. 1, n° 146, 1984, p. 90.

意识形态必须提供一种既普遍又实用的视角，也就是说，提出一种能够产生意义并允许运用地方性行动的世界观。在世纪之交的新形势下，指出指令性经济发展模式的失败已不再足够。在今天，前几十年的意识形态主力已经过时。我们不能再简单地以"稳定化—自由化—私有化"为口号，提出回归市场的自然秩序。现在的脆弱性首先来自内部，它源于新自由主义政策及其带来的反复危机所激起的反对。

世纪之交形成的理论在资本主义的动力中寻求合法化原则。这种积极的话语体系旨在将政府的经济实践建立在马克思所说的资本"永久革命"的内在美德之上。[①] 为了巩固资本主义的合法性，被选中的意识形态道路将普罗米修斯式的未来重新放在首位，美国新经济的繁荣和互联网的飞速发展证明了革命的能量。但是，与沃尔特·惠特曼·罗斯托（Walt Whitman Rostow）当年在《经济增长阶段》中预示的大众消费主义不同，这一过程现在本身就具有价值，它作为社会和经济复兴的原则而存在。[②] 我们正在歌颂一部伟大的史诗，硅谷的经验就是一个具有启发性的例证。它的英雄是那些知道如何克服重重困难，将人类的创造力转化为拯救生命的技术进步的企业家。

自世纪之交以来，经济政策的新意识形态视野一直是刺激

---

① Karl MARX, «Principes d'une critique de l'économie politique» [1858], *Œuvres*, tome II, Gallimard, «Bibliothèque de la Pléiade», Paris, 1968, p. 258-261.

② Walt Whitman ROSTOW, *Les Étapes de la croissance économique. L'Histoire immédiate*, Seuil, Paris, 1960.

资本主义的技术推动力。这个信念并非一日之功。在研究它如何广泛传播并最终在世纪之交凝结成经济合作与发展组织（OECD，以下简称"经合组织"）的灰色文献之前，我们需要追溯一下它在加州的起源。正是在旧金山湾区，理论核心的基本粒子聚集在一起，使这一新共识得以在全球范围内传播，并年复一年地保持惯性力量，一直持续到2010年代末期，即使经历了2001年互联网泡沫破裂和2008年的巨大危机。

加州意识形态

20世纪末，互联网的出现在信息、电信和媒介的十字路口创造了一个新的社会空间。突然之间，日常实践发生了转变，新的竞争优势出现了，信息使用了新的渠道。在这样的剧变之中，那些有阐释权的人的心声很有可能被听到。这种心声解释了理查德·巴布鲁克（Richard Barbrook）和安迪·卡梅伦（Andy Cameron）所说的"加州意识形态"在全球的传播。[1] 这种意识形态是20世纪60年代的嬉皮士反主流文化（本身植根于政治激进主义的沃土[2]）与加州新企业家对自由市场原则的热情拥护相结合的产物。正是围绕新技术显而易见的解放潜力，这

---

[1] Richard BARBROOK et Andy CAMERON, «The Californian ideology», *Science as Culture*, vol. 6, n° 1, 1996, p. 44-72.

[2] Mike DAVIS, «The year 1960», *New Left Review*, n° 108, 2017. 关于更广泛的加州社会政治史的内容可以参见珍妮特·埃斯特鲁斯（Jeannette Estruth）的博士论文：Jeannette ESTRUTH, «A political history of the Silicon Valley: structural change, urban transformation, and local movements. 1945-1995», New York University, 2017.

两种乍一看似乎完全对立的文化将找到共同点。

最后的乌托邦。欧内斯特·卡伦巴赫（Ernest Callenbach）的《生态乌托邦》（*Ecotopia*）于 1975 年出版，这是 20 世纪最后一部伟大的乌托邦作品。[①] 这本书的灵感来自当时在美国西海岸兴起的另类生活方式，描述了一个由加州北部、俄勒冈州和华盛顿州组成的新国家。它脱离美国本土，是一个无车地区，权力去中心化，消费品主要来自本地，实行高度自治，并且奉行非排他性的伴侣关系。日常生活在以大家庭为核心的自治社会中进行。卡伦巴赫精通当时的科学技术知识，他煞费苦心地描述了一个生态可持续的生产系统，尤其以当地生产可再生能源和使用尖端军事装备来保卫这一激进的政治实验为基础。这个故事反映了整整一代人对美国社会的生产主义、消费主义、专制主义和保守主义深恶痛绝的愿望。它还预示了环境问题在消费者行为中日益增长的重要性。

即使一部分嬉皮士对科技进步深恶痛绝，并呼吁回归自然，这也绝不是他们普遍的态度。诚然，《生态乌托邦》中还几乎没有计算机的身影，但技术问题无处不在。这种技术狂热也存在于加州反主流文化运动的其他领域，他们对数字革命的萌芽更

[①] Ernest CALLENBACH, *Ecotopia. The Notebooks and Reports of William Weston*, Banyan Tree Books/Heyday Books, Berkeley, 2004. 这是哲学家和未来考古学专家詹明信 2004 年提出的观点（*New Left Review*, n° 25）。此后，他出版了自己的乌托邦著作《美国乌托邦》（*An American Utopia*）（Verso, Londres, 2017）。我们在此不讨论《生态乌托邦》中提出的一系列有争议的命题，尤其是普遍存在的某种共同认可的种族隔离形式。

加敏感，并认为新信息技术是实现他们自由主义理想的工具。加拿大媒体理论家马歇尔·麦克卢汉（Marshall McLuhan）的远见卓识具有重大影响。早在20世纪60年代中期，他就提出了"全球村"的隐喻，将横向的全球通信网络与压垮等级结构的理念联系在一起。他写道："在任何地方，我们都开始重建人际关系，就像在最小的村庄里一样。这些关系是深刻的，没有职能或权力的委派。"① 从这个角度来看，正是技术变革决定了人类社会范围内集体意识的出现：

> 在一个多世纪的电气技术发展之后，我们的中枢神经系统将整个地球揽入怀中，消除了空间和时间。我们正在接近人类延伸的终极阶段——意识的技术模拟阶段，届时，知识的创造过程将被集体纳入并扩展到整个人类社会，就像我们的感官和神经的覆盖范围已经被各种媒介放大一样。②

麦克卢汉将技术预言、个人权力的增强和拒绝权威结合在一起，例如他声称"我们时代的标志是拒绝任何形式的强加模式"③。因此，他为嬉皮士的技术爱好者提供了一种世界观，这

---

① Marshall MCLUHAN, *Understanding Media. Extensions Man*, McGraw-Hill, New York, 1966, p. 255.
② Marshall MCLUHAN, *Understanding Media. Extensions Man*, McGraw-Hill, New York, 1966, p. 3.
③ Marshall MCLUHAN, *Understanding Media. Extensions Man*, McGraw-Hill, New York, 1966, p. 5.

种世界观结合了激进的个人自主权追求与每个人在全球范围内分享的创造力,而不需要任何形式的授权或从属。这项壮举解释了为什么当时参与另类社区媒体或计算机俱乐部被视为参与同一场争取真正民主的斗争。这种解读框架也让我们理解了为什么从20世纪70年代开始,加州对信息通信技术的狂热似乎延续了之前十年学生们大规模参与的社会运动。这是将以社会为基础、反对权威的反主流文化理想投射到全球层面,赋予技术增强型个体摆脱大企业和大政府的能力。

斯图尔特·布兰特:从《全球概览》到全球商业网络。到了2010年代中期,60年代的技术自由主义的理想还零星地存在着,像化石一样。当谷歌(Google)高管声称,数字技术将"把权力从国家和制度分散到个人手中"时,他们只是重复了麦克卢汉五十年前做出的承诺。[①] 但他们所处的世界与当时那个追求解放的时代已经截然不同。如今,技术乐观主义常常与右翼的政治动机联系在一起。

从20世纪90年代开始,加州60年代反主流文化运动的部分精神通过几座"桥梁"重振了保守的思想。其中,斯图尔特·布兰德(Stewart Brand)的轨迹具有代表性。[②] 他出生于

[①] Eric SCHMIDT et Jared COHEN, *The New Digital Age. Reshaping the Future of People, Nations and Business*, Murray, Londres, 2014, p. 6.

[②] Stewart BRAND, «Bio...», sb. longnow. org(site personnel); Fred TURNER, *From Counter-Culture to Cyberculture. Stewart Brand, the Whole Earth Network, and the Rise of Digital Utopianism*, University of Chicago Press, Chicago, 2010.

第一章　加州意识形态的苦难

1938年，1960年毕业于斯坦福大学生物系，随后去服兵役，之后回到旧金山学习设计和摄影。在那里，他组织了1966年1月令人难忘的特里普斯音乐节。成千上万的人涌向音乐节活动现场，参加"酸测试"*，观看"感恩而死"（Grateful Dead）乐队的摇滚表演和迷幻电影等多媒体盛会。1968年，布兰德参加了后来被称为"所有演示之母"的计算机演示活动，这次活动由斯坦福研究所的道格拉斯·恩格尔巴特（Douglas Engelbart）主持，其间演示了后来构成个人电脑基础的主要设备，包括鼠标、文字处理机、浏览器窗口、超文本链接等。

布兰德还发起了一场运动，要求美国国家航空航天局发布从太空拍到的整个地球的照片，以提高人们的生态意识。在一次前往嬉皮士社群的公路旅行中，他出版了《全球概览》（*Whole Earth Catalogue*），列出了他认为有用的所有物品以及获得这些物品的方法。这本书大获成功，成为当时"自己动手"（do-it-yourself）精神的象征。在创办了其他出版物之后，1985年，布兰德与他人共同创办了最早的在线论坛之一"全球电子链路"（Whole Earth 'Lectronic Link，WELL），并成为麻省理工学院媒体实验室（Media Lab）的客座研究员，还为壳牌公司（Shell）和美国电话电报公司（AT&T）等大型跨国公司举办了一系列讲座。1987年，他成为全球商业网络（Global Business

---

*　"酸测试"是指20世纪60年代中期主要在旧金山湾区举办的一系列迷幻文化派对，它们以迷幻剂（如LSD）为主题，将其作为一种实验性的心灵和社会文化探索工具。直到1966年10月6日，LSD迷幻剂在加州才被认定为非法。——译者注

Network)的创始人之一,这是一家位于伯克利的咨询公司,旨在帮助企业抓住技术和社会变革带来的机遇,实现"可持续增长,共创美好未来"①。从那时起,他就致力于长线思维的会议和出版物,并在其中普及了支持地球工程和核能的论点。

斯图尔特·布兰德的生平生动地说明了从嬉皮士社群到支持占统治地位的经济和政治力量推动变革的转变,这一转变在20世纪90年代初呈现出有机特征,其背景是加州政治结构性问题的"右转"②。正是在1993—1995年间,以《连线》(Wired)杂志、进步与自由基金会(Progress & Freedom Foundation)及共和党政治家纽特·金里奇(Newt Gingrich)为核心的反主流文化技术爱好者网络与商界和共和党新右翼之间结成了真正的联盟。③ 由此,便形成了一种对新计算机文化潜力的保守解读。

保守的结晶

20世纪90年代初,美国的经济形势一片灰暗。保罗·克鲁格曼(Paul Krugman)出版了一本名为《期望越来越低的时代》(*The Age of Diminished Expectations*)的书,他在书中得出了一个令人失望的结论。④ 美国的经济不再像前几代人那样取得理

---

① Global BUSINESS NETWORK, «GBN: where we started», en ligne.
② Richard WALKER, «California rages against the dying of the light», *New Left Review*, n° 209, 1995, p. 42.
③ Fred TURNER, *From Counter Culture to Cyberculture*, op. cit., chapitre VII.
④ Paul R. KRUGMAN, *The Age of Diminished Expectations. US Economic Policy in the 1990s*, MIT Press, Cambridge, 1990.

第一章 加州意识形态的苦难

所当然的进步。对大多数人来说，生活水平停滞不前已成为常态，购买力下降往往成为现实。在大多数人的心目中，造成这种悲观局面的主要原因是生产力低下。确实，罗伯特·索洛（Robert Solow）有句名言："计算机无处不在，除了统计数据中。"然而，资本市场却出现了复苏的迹象。自1992年以来，首次公开募股数量和初创企业筹集的资金大幅增加。[1] 投资者的乐观情绪构成了正在发生的意识形态转变的背景。

从1993年成立到2010年解散，进步与自由基金会是与数字革命相关的右翼意识形态结晶的关键参与者。该组织由微软（Microsoft）、美国电话电报公司、华特迪士尼（Walt Disney）、索尼（Sony）、甲骨文（Oracle）、威望迪（Vivendi）、谷歌和雅虎（Yahoo!）等大型信息、通信和媒体公司资助，它的使命是结合经典保守主义观点和对数字革命的热情赞美，影响政策制定者和公众舆论对技术问题的看法。[2] 1994年8月23日至24日，进步与自由基金会在亚特兰大举办了一次题为"网络空间与美国梦"（Cyberspace and the American Dream）的会议，并发布了《知识时代的大宪章》（A Magna Carta for the Knowledge Age，简称《大宪章》）。埃斯特·戴森（Esther Dyson）、乔治·吉尔德（George Gilder）、阿尔文·托夫勒（Alvin Toffler）和乔治·基沃思（George Keyworth）是这份文件的共同起草者。前三位都拥有评论家和投资者

---

[1] Benedict EVANS, «US tech funding», blog, 2015, fig. 19.
[2] «The Progress & Freedom Foundation», présentation en ligne.

的双重身份，他们游走在科技界和商界之间，偶尔还会出现在《连线》杂志上。和进步与自由基金会一样，《连线》杂志创办于1993年，它从经济、文化和政治的角度探讨新技术。它是普及加州意识形态的主要新闻媒体。第四位作者乔治·基沃思曾经担任罗纳德·里根（Ronald Reagan）的科学顾问，彼时正为基金会工作。他们共同起草了这份被视为真正宣言的文本，并将产生重大影响。以下是该文本的内容。①

《大宪章》一开始就采纳了几十年来流行的观点，即信息时代将取代农业和工业时代。② 因此，20世纪的主要事件就是"物质的衰落"：

> 在技术、经济、国家政策领域，物质意义上的财富已经失去了价值和意义。在任何地方，心灵的力量都会战胜物的蛮力。

---

① 除非另有说明，本节其余部分的所有引文均摘自：Esther DYSON et al., «Le cyberspace et le rêve américain: une *Magna Carta* pour l'ère de la connaissance. Une vision du futur» [1996], trad. Michel Bourdeau et Stéphane Marchand, *Cahiers philosophiques*, vol. 2, n° 141, 2015, p. 111-129。

② 自20世纪70年代以来，许多作者预测新的信息时代即将来临。参见：Alain TOURAINE, *La Société post-industrielle*, Denoël, Paris, 1969; Zbigniew BRZEZINSKI, *Between Two Ages. America's Role in the Technetronic Era*, The Viking Press, New York, 1970; Daniel Bell, *The Coming of the Post-Industrial Society. A Venture in Social Forecasting*, Basic Books, New York, 1973; Alvin TOFFLER, *The Third Wave*, William Morrow & Compagny, Londres, 1980; Simon NORA et Alain MINC, *The Computerisation of Society*, The MIT Press, Cambridge, 1980; Ithiel DE SOLA POOL, *Technologies of Freedom*, Harvard University Press, Cambridge, 1983。

第一章 加州意识形态的苦难

潜在的动荡巨大，因为"网络空间就像一个真实普遍的电子生态系统"。我们的思想被软件主导，它开辟了一片新的领土，一片人人都能探索的"知识的领土"。

然而，为了让新的知识时代兑现承诺，必须放弃过去的态度。"它还赋予先进民主国家领导人一项特殊责任，要促进、加速和解释这一转变。"这样也好，因为《大宪章》的目的正是为他们提供完成这一使命的指导方针。《大宪章》在描述性和规定性之间表现出反复矛盾的心理。它同时分析并要求国家的退出、竞争的加剧和伟大的企业家队伍，为人类的紧迫问题也更直接地为美国的困难带来技术解决方案。这让我们想起让-皮埃尔·利奥德（Jean-Pierre Léaud）在菲利普·加瑞尔（Philippe Garrel）的影片《爱情诞生》（*La Naissance de l'amour*）中的台词：

> 实际上，你永远不知道会发生什么，你只知道你想要什么发生，事情就是这样发生的。1917年，列宁和他的同志们并没有说："我们要进行革命，因为我们想要革命。"他们说："革命的所有条件都具备了，革命不可避免。"他们发动了革命，如果没有他们，革命就不会发生，如果他们没有认为革命不可避免，仅仅因为他们想要革命，革命就不会发生。①

---

① Philippe GARREL, *La Naissance de l'amour*, 1983.

按照布尔什维克的方式,《大宪章》的作者以同样的姿态做出宣布和规定。他们的第一条"法令"涉及现代生活的核心机构——官僚组织的消亡。近一个世纪以来,热爱自由的人们一直遭受着与大批量工业社会相关的从众霸权的困扰,如今他们要复仇:"新的信息技术意味着多样性的经济成本(无论是对产品还是对人)趋近于零,从而使我们的机构和文化'分众化'。"因为我们必须认识到,"任何中央集权的官僚机构都无法驾驭"新社会世界的复杂性。除了废除计划,国家还应大规模退出。《大宪章》预测:"第三次浪潮中的政府将比现在的政府小得多(也许缩小 50% 或更多)——这是从工业时代的中央集权结构向第三次浪潮分散的、去中心化的机构转变的必然结果。"

这四位作者探讨了相当原始的技术决定论。早在 19 世纪末,许多人就认为电力的出现将使手工业重新受到青睐。由于可以获得分布式能源,手工业将再次与拥有自己能源的大型工业单位竞争。[1] 1993 年,在接受《连线》杂志采访时,乔治·吉尔德将互联网视为弗里德里希·哈耶克(Friedrich Hayek)的"自发秩序"的隐喻。他认为,网络表明,"在没有纪律控制制度的情况下,也能形成一个密集的服务网络。当所有端点都有大量智能时,网络本身就会非常简单"[2]。

---

[1] Philippe DOCKÈS et Bernard ROSIER, *L'Histoire ambiguë. Croissance et développement en question*, PUF, «Économie en liberté», Paris, 1988.

[2] Kevin KELLY, «George Gilder: when bandwidth is free», *Wired*, 1er avril 1993.

第一章 加州意识形态的苦难

在《大宪章》中,除了这种直觉,还有一种观点认为,网络空间由不断变化的市场组成。技术进步的影响产生了熊彼特的"创造性破坏",在全球范围内,竞争使我们成为赢家或输家。他以美国的计算机行业为例。1980年,该行业由少数几家大公司主导。十年后,从IBM开始,它们的市场份额出现了惊人的崩溃。这场动荡最初被认为是美国衰落的征兆,但事实上却预示着相反的结果。随着个人电脑的出现,面对亚洲和欧洲的竞争对手,美国的技术领先地位开始复苏:

> 随着从大型计算机到个人电脑的转变,一个巨大的新市场诞生了。该市场的特点是激烈的竞争,准入门槛低。数十家初创企业与成熟的大公司展开竞争,最终获胜。

教训是显而易见的。美国的信息技术产业之所以领先于世界其他国家,是因为它能够在国内市场上保持充满活力的竞争。因此,"如果要制定'知识时代的产业政策',就必须消除竞争壁垒,大规模放松对电信和计算机产业的管制,使其不断发展壮大"。从而,政府的主要目标必须是允许这种充满活力的竞争蓬勃发展,甚至是刺激这种竞争。

然而,这并不意味着它们保持惰性状态。为了展开第三个层面的论证,作者们请出了自由主义偶像安·兰德(Ayn Rand)。①政府必须创造明确且可执行的产权,这是市场正常运转不可或缺的辅助手段:"创造新的网络空间环境意味着创造一种新的财产形式,即创造使人们受益的商品(包括思想)的新方法。"知识产权、电磁频率和基础设施网络都是需要纳入财产网络的新对象。他们解释说,底线是"人民所有权的关键原则——私有财产应推动所有讨论。网络空间不属于政府,而是属于人民"。换句话说,只有私有财产才有权获取网络空间,但这需要政府采取积极行动来界定这些新权利。

对安·兰德的提及意义重大。她是讽刺小说家,1982年去世,她的著作销量达数千万册,其思想在美国极具影响力。这些思想的主旨是将精神领袖与大众追随者对立起来。② 当《大宪章》的作者谈到要建立新的财产权时,他们指的是网络空间这个新的"黄金之国"的"精神领袖"的财产权。硅谷的企业家

---

① 来自兰德的引文很有意思,尽管它发表于1964年,那时还没有新公司理论的主要成果,但它预见到了这些理论帮助建立的、《大宪章》所主张的所有权意识形态:"政府有责任保护个人的权利,特别是制定法律来确立和仲裁这些权利。政府有责任界定个人权利如何适用于特定的活动领域——是界定(即确定),而不是创造、发明、给予或征用。在石油权、领空权等问题上,经常出现如何界定财产权适用范围的问题。在大多数情况下,美国政府都遵循适当的原则,它寻求保护所有相关的个人权利,而不是废除这些权利。"载于:«Le statut de la propriété des ondes aériennes», *Objectivist Newsletter*, avril 1964.

② Slavoj ŽIŽEK, «The actuality of Ayn Rand», *The Journal of Ayn Rand Studies*, vol. 3, n° 2, 2002, p. 222.

第一章　加州意识形态的苦难

们乐于用兰德式英雄的镜子照出自己。① 他们看到了令人兴奋、光荣优越的景象。他们珍视的"颠覆"概念与兰德珍视的一切紧密相关，是敢于冒险、领先他人、完全依靠自己的直觉塑造未来的能力。秉持着熊彼特式的创新精神，"颠覆"概念的破坏性一面被完全忽略了，因为它意味着为了创新而颠覆既有规则。从谷歌到优步（Uber）和脸书，硅谷公司毫不犹豫地在一切法律框架之外行事，甚至违背现有规则，以既成事实的方式强加自己的创新。②

乔治·蒙比亚特（Georges Montbiot）一针见血地指出，安·兰德的哲学是"战后时期最糟糕的哲学之一。它宣扬自私是善，利他是恶，移情和同情是非理性的、具有破坏性的。穷人应该死，

---

① 2015年，优步首席执行官特拉维斯·卡兰尼克（Travis Kalanick）用安·兰德的畅销书之一《源泉》(*The Fountainhead*)的封面作为自己的推特头像。苹果公司联合创始人史蒂夫·沃兹尼亚克称，彼得·蒂尔（Peter Thiel）公开表达过他对安·兰德和史蒂夫·乔布斯的钦佩，认为《阿特拉斯耸耸肩》(*Atlas Shrugged*)是指导他一生的一本书。参见：Jonathan FREEDLAND, «The new age of Ayn Rand: how she won over Trump and Silicon Valley», *The Guardian*, 10 avril 2017。在亚当·柯蒂斯（Adam Curtis）的纪录片《一切都被慈爱的机器注视着》(*All Watched Over by Machines of Loving Grace*)中，约翰·麦卡斯基（John McCaskey）谈到了他20世纪90年代在加州作为计算机企业家的经历："我真的感觉自己像一位安兰德式的英雄，我是其中一位。我正在建造天堂。我独立思考，我很理性，我为自己所做的事情感到自豪。"另参见：Diane ANDERSON, «Tech titans turn to "The Fountainhead" for comfort», CNN.com, 13 juin 2000。

② 该论点的核心是，在新的数字世界中，由于竞争本身会淘汰劣质参与者，因此完全不需要法律法规来监管服务（例如酒店规定、食品安全、出租车等）。公众唯一需要的保护就是自由市场。参见：Paul Bradley CARR, «Travis shrugged: the creepy, dangerous ideology behind Silicon Valley's cult of disruption», Pando.com, 24 octobre 2012。

富人应该拥有不受限制的权力"①。正是这种哲学启发了加州许多企业家的意识形态，他们认为自己肩负着《大宪章》概述的历史使命——创造一个基于"美国理念"永恒真理的新文明。

国际蓝图

纽特·金里奇出席了促成《大宪章》的亚特兰大会议。他是美国右翼的核心人物，20世纪80年代为激进的共和党而战，2016年支持唐纳德·特朗普（Donald Trump）成功当选美国总统。1995年，也就是亚特兰大会议一年后，他正处于权力的顶峰。他是众议院议长，被《时代》（Time）杂志评为年度风云人物。他在接受《连线》杂志采访时说："如果我们能够建立一个令人兴奋、与信息时代相适应、在经济上占优势的美国，那么世界其他地方就会追随我们。"② 这句话见证了美国成为世界上最强大国家的时刻。这句话见证了加州意识形态在全球占主导地位的时刻，为即将实施的新经济政策提供了大量的叙事基础。也正是在1995年，某些高科技公司的顾问艾拉·马加奇纳（Ira Magaziner）受克林顿（Clinton）总统委托，制定了一项增长战略，这项任务促成了1997年全球电子商务框架文件问世。③

---

① Georges MONBIOT, «How Ayn Rand became the new right's version of Marx», The Guardian, 5 mars 2012.
② Esther DYSON, «Friend and foe», Wired, 1er août 1995.
③ Clinton ADMINISTRATION, «A framework for electronic commerce», juillet 1997, en ligne.

第一章　加州意识形态的苦难

　　该文件标志着克林顿政府的一个真正转折点。从最初的立场来看，信息技术从建立技术优势的部门角度出发，但现在，数字技术特有的增长机制理念盛行，这种增长机制与制造业时代的特征截然不同。

　　在1992年的竞选活动中，比尔·克林顿赢得了大量电气和计算机公司领导人的支持，向他们承诺将采取有利于他们的传统产业政策。《纽约时报》（*The New York Times*）解释说："克林顿先生的技术政策是在与业界领袖协商后制定的，其指导思想是联邦政府必须在发展产业和市场方面发挥更大的作用。"[①]设想的措施包括有针对性的减税、对特定技术项目的补贴、对基础设施的公共投资以及收紧美国的对外贸易政策。20世纪90年代初，信息技术公司指责国际竞争对手进行不公平竞争，并希望即将上台的克林顿政府采取布什政府拒绝采取的反倾销措施。

　　五年后，克林顿第二届政府有关电子商务的原则显示出《大宪章》方向的彻底转变。问题不再是捍卫技术的领先地位，而是为新的革命创造适宜的环境。1997年全球电子商务框架文件确定的战略是支持这场革命，最重要的是防止过多监管阻碍正在出现的全球电子市场的活力。我们放弃了产业政策的概念，转而采用了一系列我们已经熟悉的原则："私人部门必须具有主动性"；"政府必须谨防滥用限制"；"当需要公共干预以促进电子商务时，目

[①] Calvin SIMS, «Silicon Valley takes a partisan leap of faith», *The New York Times*, 29 octobre 1992.

标必须是促进竞争和确保知识产权的保护";"政府必须承认互联网的特殊性质",也就是"去中心化的性质和自下而上的管理"。

除此之外,还增加了国际主义色彩,强调为全球电子市场提供一致的跨境法律框架的重要性。最后一个因素非常重要,鉴于美国在国际事务中的优势地位,这实际上是一项全球行动方案,特别是在新加坡召开的有关签订《信息技术协议》的会议,该协议早在 1997 年 3 月就取消了与信息技术有关的制成品和软件的关税。

1998 年 8 月 24 日,艾拉·马加奇纳在进步与自由基金会组织的新一届"网络空间与美国梦"会议上发表演讲。[①] 他解释了克林顿政府在电子商务相关问题上采取的行动,并讨论了在国际层面为互联网和全球贸易建立共同制度架构而开展的工作。根据《大宪章》的兰德式取向,他得出的结论是,需要"首先依靠市场和自我监管",这意味着"政府要就一件它们很难做到的事达成协议——同意不采取行动"。这种技术自由主义主题就成为解决经济政策创新问题的框架。

经济增长的原因

过去二十年来,经合组织和政府对创新问题的重视程度丝毫未减。无论是互联网泡沫的崩溃,还是随之曝光的会计丑闻,

---

① Ira MAGAZINER, «Creating a framework for global electronic commerce», *Future Insight*, vol. 6, n° 1, 1999.

第一章 加州意识形态的苦难

抑或是2008年的大危机，都没有对这一议程产生任何实际影响。时至今日，这一议程依然生机勃勃。经合组织在2015年题为《创新要务》的报告中解释了其中的原因：

> 创新为创造商业和就业机会以及提高生产力奠定了基础，是经济增长和发展的重要驱动力。它可以帮助解决一些紧迫的社会和全球问题，如人口变化、健康风险、资源稀缺和气候变化。①

技术进步应该促进经济发展并解决地球的主要问题，这些有关技术进步的好处的陈词滥调并没有太多新意。② 这一愿景并不新鲜，它是20世纪90年代国家创新系统极其激动人心的工作主题。③ 这种方法侧重于构成不同国家经济和技术绩效基础的制度和历史结构。它研究主要参与者（企业、大学、研究实验室）

---

① OCDE, *L'Impératif d'innovation. Contribuer à la productivité, à la croissance et au bien-être*, Éditions de l'OCDE, Paris, 2016, p. 3.

② 早在1945年提交给罗斯福（Roosevelt）总统的报告《无尽的前沿》（Endless Frontier），就明确提出了支持公共干预以促进科技生产的论点。该报告的作者范内瓦·布什（Vannevar Bush）是曼哈顿计划的设计师，该计划为美国带来了原子弹。因此，军事问题在他的论点中占据突出位置。但他也强调了经济方面的利害关系，包括就业、生活水平和国际竞争力。如他所说："需要大量新的科学知识来维持公共和私人企业的运转。"参见：Vannevar BUSH, *Science, the Endless Frontier. A Report to the President*, United States Government Printing Office, Washington, DC, 1945, p. 13。

③ Bruno AMABLE, «Institutional complementarity and diversity of social systems of innovation and production», *Review of International Political Economy*, vol. 7, n° 4, 2000, p. 645-687; Richard R. NELSON, *National Innovation Systems. A Comparative Analysis*, Oxford University Press on Demand, Oxford, 1993.

的战略、公共政策和社会政治平衡，旨在解释各国的发展轨迹。例如，美国技术进步的基础，日本在第二次世界大战后的惊人追赶，德国在机械工程领域的长期专业化。因此，这种分析框架与推崇市场机制自主性的新自由主义理念截然相反。

经合组织采用的新正统观念完全打破了这种关于创新动态的系统性观点。总部设在巴黎的经合组织在所有关于这一主题的出版物中指出，有利于创新的政策需要健全的宏观经济管理、竞争性市场以及对国际贸易和投资的开放。因此，它的学说是"华盛顿共识"的延伸，但以技术乐观主义的形式进行了质的补充。2000年7月6日至7日在经合组织巴黎总部举行的一次非正式研讨会的记录可以当作它的一份宣言。[1] 与会者比较了他们对信息通信技术传播背景下增长原因的看法，目的是了解1995年以来美国经济的活力，美国经济的活力与发达国家的普遍不稳定和其他富裕国家的疲软形成了鲜明对比。他们的结论是，创新是美国成功的关键。虽然提到了研究和教育的重要性，但讨论主要集中在其他三个因素上，它们成为当时正在形

---

[1] 应邀参加会议的十三位经济学家（均为男性）来自欧美的主要大学——包括哈佛大学的戴尔·约根森（Dale Jorgenson）、哥伦比亚大学的哈维尔·萨拉-马丁（Xavier Sala-i-Martin）、牛津大学的乔纳森·坦普尔（Jonathan Temple）和芝加哥大学的路易吉·辛加莱斯（Luigi Zingales），以及欧洲和亚洲的公共应用研究机构——包括法国国家经济研究所的布鲁诺·克雷蓬（Bruno Creepon）、比利时国家银行的保罗·布岑（Paul Butzen）、韩国发展研究所（Korea Development Institute）的秦熙汉（Chin Hee Hahn）、东京经济研究中心（Tokyo Centre for Economic Research）的西村清彦（Kiyohiko Nishimura）。Jonathan TEMPLE, «Summary of an informal workshop on the causes of economic growth», *OECD Economics Department Working Paper*, vol. 33, n° 260, 2000.

第一章　加州意识形态的苦难

成的理论支柱。

首先，报告指出："熊彼特的'创造性破坏'思想……使我们能够理解企业和机构层面的发展如何以生产力提高的形式转移到总体层面。"① 换言之，报告的作者将生产效率的提高主要归因于创新型企业取代了效率较低的企业。这是一个关键点，将创新和创业问题联系在一起。它强化了如下信念，创新过程首先是新公司进入市场的结果，这些新公司没有任何组织性的遗留问题，因此足够灵活，能够给既定产业部门的核心带来破坏。这也呼应了新一代理论家的观点，尤其是菲利普·阿吉翁（Philippe Aghion）和彼得·豪伊特（Peter Howitt），他们根据与创新传播相关的创造性破坏机制来模拟增长轨迹。②

其次，报告的作者得出结论："美国相对强劲的表现可能与那些有利于资源在部门内部和部门之间流动以应对创新的体制有关。"为此，他们强调经济的灵活性，也就是说，制度不仅促进产品市场的竞争，而且促进劳动力和资本的流动。为了提高资源配置的反应速度，加快创新的传播，劳动力市场必须尽可能灵活。同样的论点也适用于资本，并主张进一步发展金融体系。特别强调的是，"为年轻企业获得融资提供便利往往会削弱老牌企业的地位"。因此，美国的成功要归功于金融自由化，因

---

① Jonathan TEMPLE, «Summary of an informal workshop on the causes of economic growth», *OECD Economics Department Working Paper*, vol. 33, n° 260, 2000, p. 8.
② Philippe AGHION and Peter HOWITT, «A model of growth through creative destruction», *NBER Working Paper*, n° w3223, 1990.

为"如果金融体系不够发达，就不可能将资源迅速重新分配给'新经济'部门"。

最后，报告强调了"专利制度，以及更广泛的产权的定义和保护"。根本问题在于创新利润的分配及其激励作用。根据上文提到的"新熊彼特式"增长理论，人们注意到破坏速度过快以至于有阻碍创新的风险。[1] 因此，有必要确保与创新活动成功相关的任何收益都能得到充分保障，这就需要对资本征收低税，并严格保护知识产权。

因此，这种新的创新学说的独创性在于，它坚持"创造性破坏"的概念。除了市场的灵活性之外，2000年夏天经合组织的经济学家们从美国新经济的繁荣中得出的结论是竞争和激励对创新的有益影响。这一教训很大程度上带有偏见，但将经由负责结构改革的专家组迅速传播到不同国家。[2]

我们总结一下。自世纪之交以来，一种新的理论一直在激励着经济政策。"硅谷共识"超越了"华盛顿共识"。它更强调资本主义作为创造性破坏运动的动态效率，而不是市场资源配置的静态效率。这样一来，这一理论就超越了稳定化-自由化-私有化这

---

[1] Philippe AGHION et Jean TIROLE, «The management of innovation», *The Quarterly Journal of Economics*, vol. 109, n° 4, 1994, p. 1185-1209.

[2] 法国的例子有：Jacques ATTALI, *Rapport de la Commission pour la libération de la croissance française：300 décisions pour changer la France*, La Documentation française, Paris, 2008. 其他例子参见：Bruno AMABLE et Ivan LEDEZMA, *Libéralisation, innovation et croissance. Faut-il vraiment les associer ?*, Éditions Rue d'Ulm, «Collection du CEPREMAP», Paris, 2015。

三项,将激励问题放在了中心位置。从那时起,冷静的公共干预、企业家能量的释放及产品、劳动力和资本市场的灵活性以及保护创新者产权的原则指导着"硅谷共识"的公共政策特征。

新资本主义的五个悖论

> 任何政府反复的重大失败都会导致垮台。
>
> ——马克斯·韦伯(Max Weber)①

"硅谷共识"背后的驱动力在于,在利用加州经验的感召力的同时,赋予数字技术的应用以意义。硅谷——或者说被施了魔法的硅谷表象——是新资本主义的展示窗口。在这片充满机遇的土地上,由于初创企业和风险资本家的存在,创意自由迸发,工作机会层出不穷,高科技的发展让尽可能多的人受益。正是基于这种所谓的幸福经验,个人冒险和利益诱惑才以创新这一更高原则的名义受到重视。这个神话可以分解为五个基本要素:第一,初创者对冒险的渴望使经济结构不断恢复活力;第二,对工作场所的自主性和创造性的赞美;第三,开放和流动的文化;第四,共同繁荣的承诺;第五,国家衰落的理想。然而,我们看到,新资本主义的实际发展与上述神话恰恰相反。

---

① Max WEBER, *Économie et société. Tome premier*, Pocket, Paris, 1956, p. 346.

五个悖论的出现揭示了"硅谷共识"最终发生冲突的诸多问题。

垄断的回归：初创企业的悖论

2017年夏天，谷歌的一位批评者被一家致力于适应数字时代的基金会解雇，该基金会的部分资金由谷歌公司提供，此事引起了不小的轰动。巴里·林恩（Barry Lynn）是一位长期致力于打击垄断的分析师，他发表了一篇文章，称赞欧盟委员会于2017年7月对谷歌滥用统治地位处以创纪录的24亿欧元罚款。不久后，林恩就被新美国基金会董事解雇了。这并非个例。这个例子说明了谷歌通过慷慨资助智库和其他游说团体来压制批评者，这些压制做法小心谨慎，但普遍取得了成功。① 巴里·林恩和他领导的开放市场研究所（Open Market Institute）团队已经独立出来，继续通过其网络平台记录正在进行的垄断过程，并将硅谷的新大亨们与约翰·洛克菲勒（John Rockefeller）、安德鲁·卡内基（Andrew Carnegie）和20世纪初的其他"强盗大亨"相提并论。因此，他们正在积极推动反垄断政治空间的出现，而这一空间不再局限于民主党左翼。② 在2018年达沃斯世

---

① Kenneth P. VOGEL, «Google critic ousted from think tank funded by the tech giant», *The New York Times*, 30 août 2017; Rachel M. COHEN, «Has the New America Foundation lost its way?», Washingtonian (blog), 24 juin 2018.

② 一方面，极右保守派团体抗议数字平台使用条款严禁煽动仇恨，它们认为这侵犯了言论自由；另一方面，建制派担心通过假新闻操控舆论的风险。参见：Elizabeth DWOSKIN et Hamza SHABAN, «In Silicon Valley, the right sounds a surprising battle cry: regulate tech giants», *The Washington Post*, 24 août 2017.

第一章　加州意识形态的苦难

界经济论坛（World Economic Forum）上，亿万富翁乔治·索罗斯（George Soros）对互联网时代的垄断企业提出了无情的控诉——它们虽然提供了关乎普遍利益的重要服务，却阻碍了创新和市场的平稳运行，威胁个人自由和民主。在他看来，新的法规和新的税收原则必定将迅速终结这种局面。[1] 更具讽刺意味的是，《经济学人》（*The Economist*）注意到这些平台"太BAADD"——大型（Big）、反竞争（Anti-competitive）、使人成瘾（Addictive）和破坏民主（Destructive to Democracy），因此发表了一份针对脸书、谷歌和亚马逊首席执行官的模拟备忘录，其中详细介绍了他们在面对不可避免的反弹时可采取的战略。[2]

初创企业的困局。 曾经友好的初创企业已经变成了凶猛的垄断企业。这种转变给"硅谷共识"带来了强烈的意识形态分歧。我们在此讨论初创企业作为政治符号的脆弱性。如果说初创企业体现了一种职业和经济成就的理想——对工作的热情投入、获取个人财富的可能性，那么，与青年一样，初创企业也只是一个短暂的阶段。成功的初创企业会很快从幼苗成长为老树。它们的成功剥夺了它们作为小公司时曾拥有的敏捷性和灵活性，却赋予它们作为大型经济实体能拥有的其他特质，例如

---

[1] George SOROS, «Remarks delivered at the World Economic Forum», george-soros. com, 25 janvier 2018.

[2] Eve SMITH, «The techlash against Amazon, Facebook and Google – and what they can do. A memo to big tech», *The Economist*, 20 janvier 2018.

韧性。只要初创企业没有消失，它们就会陷入资本集中化和中心化的过程，也就是陷入增长的需要，无论是通过内部投资还是与其他经济单位合并。初创企业与小企业无关，小企业可以通过服务当地市场并为所有者提供合理的收入而适度和可持续地繁荣发展。依赖于研究的进步，这类企业只有将最初的技术或科学影响转化为能够大规模运用的经济力量才能成功。这在风险投资公司或投入部分个人财富的天使投资人的压力下进行。它们接受高失败率，以换取雄心勃勃的盈利策略，该策略的成功导致初创企业转变为大型传统公司，或者被更大的公司以高价收购。

当一家初创企业发展壮大后会发生什么？提升资本价值的需要最初是增长的加速器，这种需要在之后也同样强劲。随着发展势头放缓，最初的冒险精神转变为对他人项目的贪婪渴望。YouTube 于 2006 年被谷歌收购；WhatsApp 被脸书收购；苹果已经收购了大约一百家公司，其中包括音乐识别应用程序 Shazam；微软于 2011 年收购了 Skype；亚马逊的众多收购包括 AbeBooks（一家专门销售古籍的在线书店）和全食超市（Whole Foods）（一家高档有机超市连锁店）。互联网巨头收购一系列新业态表明，经济环境正在发生变化。这不仅仅是因为过去的初创企业壮大了。对产业结构演变的研究也指出了整合的总体趋势。

20 世纪最后二十五年竞争活力的复苏。直到 20 世纪 80 年

第一章 加州意识形态的苦难

代,主流趋势都是一体化。这一时期的典范是艾尔弗雷德·钱德勒(Alfred Chandler)在《管理者看得见的手》(*La Main visible des managers*)一书中研究的大型、纵向一体化、多事业部的公司。① 这一阶段的特点是组织具有一定的稳定性。在美国,大多数在1919年主导其产业领域的公司,到了1969年仍然是领导者。② 当然,这种稳定并不是绝对的。企业有一定数量的更替,要么消失,要么被吞并,新晋企业会找到自己的位置,这主要是由于某些行业的实力上升所致。但是,从20世纪70年代末开始,这种与生产活动的质变有关的内部流动急剧加速。在一些经合组织国家,公司规模开始缩小。同时,越来越多的公司成立和消失,这表明经济结构发生了重大动荡。最后,在全球化的同时,大型跨国公司的市场份额也出现了一定程度的分散。③

为解释20世纪80年代和90年代竞争态势的恢复,人们提出了五种解释。前两种解释具有普遍性,指出了信息通信技术的特殊性质以及长波资本主义阶段。其他三种解释涉及20世纪最后二十五年的特征,特别是欧洲和部分亚洲地区相继出现的

---

① Alfred DUPONT CHANDLER, *La Main visible des managers. Une analyse historique*, Economica, Paris, 1988.
② Naomi R. LAMOREAUX, Daniel M. G. RAFF et Peter TEMIN, «Beyond markets and hierarchies. Toward a new synthesis of American business history», *NBER Working Paper*, n° 9029, 2002.
③ Dosi GIOVANNI et al., «Technological revolutions and the evolution of industrial structures: assessing the impact of new technologies upon the size and boundaries of firms», *Capitalism and Society*, vol. 3, n° 1, 2008.

产业追赶、金融霸权的恢复以及新自由主义政策的影响。

第一种解释符合"硅谷共识",即信息通信技术的融合与旧的集中型经济结构的解体和小型多样化单位的持久活力相关。据说,企业活动的加强是由于一体化的优势减少,也是由于通信成本降低和物流改善使得商业交流更加便捷。此外,收入增加也导致了需求的多样化,同时反映了与个人偏好多样化相关的分众化现象。[1] 根据这一模型,信息通信技术的内在特点促使生产结构偏向小型资本、产品多样化和生产要素的长期流动性。

然而,竞争加剧和通过创新进行结构调整的这一阶段只是暂时的。"硅谷共识"的支持者们认为的经济结构变革的新的永久性原则不过是过眼云烟。信息通信技术是一种绝对独特的创业形式之源的观点已经走入死胡同,无法解释自那时以来观察到的经济结构僵化现象。

一个多世纪前,罗莎·卢森堡(Rosa Luxemburg)指出:"小资本是技术进步的先驱,而技术进步本身就是资本主义经济的基本动力。"[2] 因此她指出,破坏工业结构的是一般的技术变革,而不是特定的技术变革。我们接受这一假设,但仍然需要搞清楚这种更新速度的原因,尤其是20世纪最后几十年工业结

---

[1] Naomi R. LAMOREAUX, Daniel M. G. RAFF et Peter TEMIN, «Beyond markets and hierarchies. Toward a new synthesis of American business history», *loc. cit.*

[2] Rosa LUXEMBURG, «Réforme sociale ou révolution ? I/2» [1898], marxists. org.

第一章　加州意识形态的苦难

构剧变的暂时性。长波方法认为，生产结构的剧变具有暂时但反复出现的特征，对应着创造性破坏的激烈阶段——创新集群出现，遍布整个经济领域，先摧毁旧的结构，然后再稳定下来，并在新的经济组织形式中发挥潜力，直到它们失去活力，又反过来被新的创新集群破坏。① 20世纪最后二十五年正值这种创造性破坏阶段，它是新技术范式建立的典型阶段。这种剧变时期的一种症候是，决定商人决策的认知框架变得模糊，从而导致判断失误，其严重性只有在事后才会显现出来。例如，包括施乐（Xerox）、IBM和惠普在内的十七家公司拒绝了史蒂夫·乔布斯关于制造个人电脑的建议，乔布斯因此创立了苹果公司。1986年，IBM拒绝了史蒂夫·乔布斯关于持有微软10%股份的建议。②

长波阐释可以与其他三个因素相结合。首先是国际竞争的加剧。通过逐步的工业追赶，欧洲国家、日本和其他亚洲国家

---

① 长波方法是苏联经济学家尼古拉·康德拉季耶夫（Nicolas Kondratiev）提出的理论，他于1938年在斯大林时期的监狱中被枪决。Christopher FREEMAN et Francisco LOUÇÃ, *As Time Goes By. From the Industrial Revolutions to the Information Revolution*, Oxford University Press, Oxford, 2001; Ernest MANDEL, *Long Waves of Capitalist Development: A Marxist Interpretation. Based on the Marshall Lectures Given at the University of Cambridge*, Verso, Londres, 1980; Carlota PEREZ, «Technological revolutions and techno-economic paradigms», *Cambridge Journal of Economics*, vol. 34, n°1, 2009. 关于工业结构转型的具体问题，参见：Francisco LOUÇÃ et Sandro MENDONÇA, «Steady change: the 200 largest US manufacturing firms throughout the 20th century», *Industrial and Corporate Change*, vol. 11, n° 4, 2002, p. 817-845。

② David B. AUDRETSCH, «Technological regimes, industrial demography and the evolution of industrial structures», *Industrial and Corporate Change*, vol. 6, n° 1, 1997, p. 68.

技术封建主义

正在关键行业中站稳脚跟。在第二次世界大战结束时,美国在这些行业中享有无可争议的统治地位。在追赶阶段,不同产业阶段相对和谐地互为补充,但在新的形势下,竞争加剧,不同国家占据了相同的领域,取代了追赶阶段的活力。[1]

一种补充性的解读强调金融力量的恢复。从1979年起,利率不断上升迫使企业削减利润最低的业务,加速了竞争力最弱的公司的消亡。股东价值在决策过程中的重要性与日俱增,这种金融压力随之加剧。管理者越来越受制于股东施加的短期价值要求,不得不放弃独立推行内部增长政策,并限制非必要活动。[2]

最后一个因素是新自由主义政策的实施。国内层面的放松管制和放弃工业计划的措施以及国际层面的贸易和投资自由化正在动摇竞争领域,减少了大型垄断企业在国家范围内受益的一系列制度保护。[3]

---

[1] Robert BRENNER, *The Economics of Global Turbulence*, Verso, Londres, 2004; Jacques MAZIER, Maurice BASLÉ et Jean-François VIDAL, *Quand les crises durent...*, Economica, Paris, 1984, p. 387; James CROTTY, «The neoliberal paradox: the impact of destructive product market competition and impatient finance on nonfinancial corporations in the neoliberal era», *Review of Radical Political Economics*, vol. 35, n° 3, 2003, p. 271-279.

[2] William LAZONICK et Mary O'SULLIVAN, «Maximizing shareholder value: a new ideology for corporate governance», *Economy and Society*, vol. 29, n° 1, 2000, p. 13-35; Gérard Duménil et Dominique LÉVY, «Neo-liberal dynamics: toward a new phase?», *in* Kees VAN DER PIJL, Libby ASSASSI et Duncan WIGAN, *Global Regulation. Managing Crises after the Imperial Turn*, Houndmills/Palgrave Macmillan, Basingstoke/New York, 2004, p. 41-63; Michel AGLIETTA et Antoine REBÉRIOUX, *Dérives du capitalisme financier*, Albin Michel, Paris, 2004.

[3] Pascal PETIT, «Structural forms and growth regimes of the post-Fordist era», *Review of Social Economy*, vol. 57, n° 2, 1999, p. 220-243.

第一章　加州意识形态的苦难

社会化的历史趋势。 尽管信息通信技术是经济结构去中心化的一个持久影响因素这一论点与过去二十年左右观察到的整合相矛盾，但其他因素也说明了 20 世纪末影响生产结构的剧变。长波的创造性破坏阶段、国际竞争的加剧、金融业的兴起和管制的放松都是 20 世纪 70 年代中期到世纪之交这段时期的特征。"硅谷共识"的支持者们认为的新技术经济制度的固有特征——初创企业超越昔日领军企业的能力、通过降低交易成本释放企业家的能量，以及产品多样化与经济单位小型化之间的密切关系——不过是沉淀期的过渡特征。然而，自世纪之交以来，这些现实已被冲淡，并逐渐让位于新的垄断。

近年来，以爱彼迎（Airbnb）和优步为代表的新平台不断涌现，但我们不能因此而误认为 20 世纪 90 年代的创业活力已经消退。从美国开始，出现了一股强劲的整合趋势。进入和退出市场的公司数量急剧下降，在证券交易所上市的公司数量减少了一半，公司平均规模扩大，大多数行业的销售更加集中[1]——所有这些

---

[1] Ryan A. DECKER et al., «Where has all the skewness gone? The decline in high-growth (young) firms in the US», *European Economic Review*, vol. 86, n° C, 2016, p. 4-23; Ryan A. DECKER et al., «Declining business dynamism: what we know and the way forward», *American Economic Review*, vol. 106, n° 5, 2016, p. 203-207; Gustavo GRULLON, Yelena LARKIN et Roni MICHAELY, «The disappearance of public firms and the changing nature of US industries. Are US industries becoming more concentrated?», *Swiss Finance Institute Research Paper*, n° 19-41, 2015; Kathleen KAHLE et René M. STULZ, «Is the US public corporation in trouble ?», *NBER Working Paper*, n° w2285J, 2016; Cédric DURAND et Maxime GUEUDER, «The investment-profit nexus in an era of financialisation, globalisation and monopolisation. A profit-centred perspective», *Review of Political Economy*, vol. 30, n° 2, 2018, p. 126-153.

指标都表明经济结构正在重新走向垄断。国际货币基金组织的一项研究表明，在发达经济体的大多数行业中，公司的市场力量都在增强。① 研究强调，从 1980 年至 2016 年间，利润率增长了 39%，其中大部分发生在 2000 年之后，这与盈利能力和集中度的提高有关，这证实利润率的上升反映了企业市场力量的增强。另一个启示是，这一总体趋势主要由少数几家公司推动，这些公司的收入、利润率和盈利能力都大幅上升。超级公司崛起的假说最早出现在美国②，现在似乎已成为富裕国家的普遍现象。

为了进一步理解竞争加剧和重新垄断的双重运动，我们可以借用马克思所说的"资本积累运动的历史趋势"。在他看来，这一运动与生产的社会化进程有关，换句话说，就是劳动和生产资料的使用越来越具有集体性质。例如，随着机器的运用，个人在组织工作方面的自由度趋于减少。随着生产活动越来越不孤立，它立即呈现出社会化或公共化的特征：

> 因此，劳动过程的协作性质，现在成了由劳动资料本身的性质所决定的技术上的必要了。③*

---

① Federico DIEZ, Daniel LEIGH et Suchanan TAMBUNLERTCHAI, *Global Market Power and its Macroeconomic Implications*, FMI, 2018.
② David AUTOR et al., «The fall of the labor share and the rise of superstar firms», *Quarterly Journal of Economics*, 2019 (à paraître).
③ Karl MARX, *Le Capital. Critique de l'économie politique. Livre premier*, trad. Jean-Pierre Lefebvre, PUF, Paris, 2014, p. 433.
* 译文引自：马克思. 资本论：第 1 卷. 2 版. 北京：人民出版社，2004：443。——译者注

第一章　加州意识形态的苦难

每个人的工作越来越多地借鉴他人的工作，无论是在学习的方法、遵守的标准还是使用的技术资源方面。此外，工作本身的速度和质量也变得更加集体化。与此相对应的是劳动分工的深化、技术的普及以及日益复杂的工作所要求的协调的加强。因此，生产单位的规模不断扩大，它们在公司"网络"中的相互关系也越来越紧密，在国家和国际层面都是如此。[1]

然而，伴随着资本积累而出现的这种生产社会化的历史运动并不是连续的。图1-1的S形曲线既显示了这一历史趋势，也显示了在20世纪最后二十五年的短暂衰退。其实，在从一种技术经济范式向另一种技术经济范式过渡的阶段，这种社会化以时间为标志。一方面，在熊彼特式的创造性破坏过程中，一些旧的联系被打破，而新的联系还处于萌芽阶段，尚未形成它们的利基市场。过时的工作流程因破产而被废弃，其他更个性化、更分散、尚未标准化的工作流程则在更小的社会空间中展开。许多尝试都以失败告终，在寻找融资者或收购者时，这些选择也得不到社会的认可。无论这些是破坏性动力还是创造性动力，它们都是生产社会化中断的原因。另一方面，创新一旦到位，就能在

---

[1] 鉴于本研究的目的，我们过度简单化了马克思的社会化问题带来的困难。有关该主题的最新理论发展的讨论，参见：Riccardo BELLOFIORE, «The adventures of Vergesellschaftung», *Consecutio Rerum*, vol. 3, n° 5, 2018. 对论点的总结，参见：Gérard DUMÉNIL et Dominique LÉVY, «Dynamiques des modes de production et des ordres sociaux», *Actuel Marx*, vol. 52, n° 2, 2012, p. 132。

更大范围内恢复社会化，使工作流程在更细的层次上相互渗透——蒸汽机、电力、化学、机械工程，当然还有信息通信技术，这些重大创新以各自的方式催生了更加分散的生产方式。

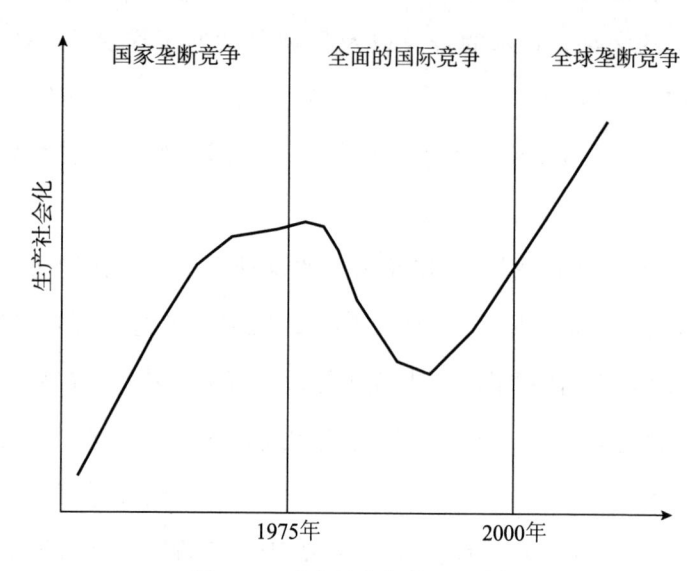

图 1-1　生产社会化的 S 形曲线

自由主义理论家路德维希·冯·米塞斯（Ludwig Von Mises）在 1922 年写道：

> 大部分卡特尔和托拉斯的出现并非资本主义经济固有趋势的结果，而是政府干预的结果。政府通过保护主义措施创造了有利于这些组织形成的条件，使绝大多数卡特尔和托拉斯得以出现。制造业和贸易行业的垄断企业的出现并非基于资本主义经济内在的必然性，而是政府实施反对

自由贸易和自由放任的干预政策的结果。①

近年来,全球范围内垄断重现的趋势恰恰与这一假设背道而驰,并证实了马克思关于社会化趋势的观点。

正如我们所见,在 20 世纪的最后二十五年里,竞争加剧了,这主要由于保护主义壁垒的逐步拆除,也由于几个主要国家产业赶超的影响、运输领域的进步和信息传播技术的应用。然而,在经历了一个阶段的结构调整之后,这些发展并没有带来一个稳定的竞争机制。它们导致各组织之间的技术经济联系更加密集,大型企业及其主导的生产网络更加国际化,甚至全球化。工作流程更加社会化、更加跨国化,这与加州意识形态的保守支持者所预言的个人化工作流程的分散形成了鲜明对比。

偏好控制:资本主义新精神的悖论

如果要找一个体现吕克·博尔坦斯基(Luc Boltanski)和伊芙·夏皮罗(Ève Chiapello)所分析的"新资本主义精神"的地方②,那么硅谷大型高科技公司提供给创意人才的现代而明亮的建筑将是不二之选。谷歌总部通过瑜伽课程、免费餐厅和二十四小时健身房向我们兜售梦想。通过这种方式,它展示了该公

---

① Ludwig VON MISES, *Socialism. An Economic and Sociological Analysis*, Yale University Press, New Haven, 1951, p. 390-391.

② Luc BOLTANSKI et Ève CHIAPELLO, *Le Nouvel Esprit du capitalisme*, Gallimard, Paris, 1999.

司希望带来的纯真而开放的世界。① 这种工作空间很好地诠释了弗雷德里克·罗尔敦（Frédéric Lordon）提出的"新自由主义欲望生成学"（épithumogénie néoliberale）② 引发的主体性重组：

> 对受薪工作的渴望，不应该仅仅是为了获得拿到薪水之后可以买到的东西这种间接欲望，而应该成为对工作本身的内在渴望。……对快乐工作的渴望，或者直接借用它自己的词，对"实现"的"渴望"，在工作中实现自我价值。③

谷歌提出，"创造一种环境，让每个人都能随时与同事分享自己的想法，并征求他们的意见"，这似乎是促进创新的一种有效方式。④ 为意外之喜和互补性、协作性的自由发挥留出足够空间，有利于发现尚未被发现的事物。泽维尔·尼尔（Xavier Niel）希望在他的巴黎初创企业园区"Station F"的灵活办公室和休闲区培养这种有乐趣的创新精神。

---

① Émilien DUBRASIER et Alexis DUBRASIER, «Dans la Google du loup», *Revue Z*, n° 9, 2015-2016.

② "épithumogénie"来自古希腊语的 *epithumía*（欲望、渴求、愿望）和拉丁语的 *genere*（产生、孕育），这一概念可以理解为"欲望产生机制"或"情感工程学"。参见：Frédéric LORDON, *Capitalisme, désir et servitude: Marx et Spinoza*, La Fabrique, Paris, 2010, p. 75。

③ Frédéric LORDON, *Capitalisme, désir et servitude: Marx et Spinoza*, La Fabrique, Paris, 2010, p. 76。

④ GOOGLE, «Mountain View (siège social international) —Google Carrières», en ligne.

第一章　加州意识形态的苦难

　　促进创造性工作的灵活性让人联想到 60 年代的反权威运动，让人一瞬间相信这也许真是工作的新面貌，这当然令人欣喜。遗憾的是，事实并非如此。一般来说，在西海岸宽松的办公室里，那些花言巧语推动的组织变革恰恰助长了相反的动力。马克思指出，在时间不变的情况下，由于"提高劳动力的紧张程度，更紧密地填满劳动时间的空隙，也就是说，使劳动凝缩到只有在缩短了的工作日中才能达到的程度"①*，因此劳动支出有可能增加。菲利普·阿斯肯纳齐（Philippe Askenazy）现在将这一现象称为"新斯达汉诺夫主义"。② 在亚马逊或利多超市（Lidl）的仓库里，在呼叫中心的平台上，在卡车司机的驾驶室里，在超市收银台前，信息技术捕捉到人们的空闲时间，对工人提出新的要求③，运用监控工具，深入工人的私人

---

①　Karl MARX, *Le Capital. Livre premier. Critique de l'économie politique*, op. cit., p. 460.

*　译文引自：马克思. 资本论：第 1 卷. 2 版. 北京：人民出版社，2004：472。——译者注

②　第二个五年计划期间，苏联举行了全国范围内的"斯达汉诺夫运动"，这是一场全国性的社会主义生产创新竞赛，动员工人阶级表现出极强的积极性。——译者注

③　让-罗伯特·维亚莱（Jean-Robert Viallet）题为《工作之死》(*La Mise à mort du travail*) 的系列纪录片和伊莉丝·吕塞（Élise Lucet）的《现金调查》(*Cash Investigation*) 广播报道揭示了信息通信技术造成的工作强化及其对员工的影响。自世纪之交以来，社会学家和劳动经济学家清楚地认识到了捕捉空闲时间的原则，尽管他们更强调自主性和控制性的结合，而不是这两种趋势的两极分化。参见：«Travail, ton univers impitoyable», *Cash Investigation*, 19 September 2017; Jean-Robert VIALLET, *La Mise à mort du travail*, France 2 and France 3, Yami 2 Productions, 2009; Jean-Pierre DURAND, *La Chaîne invisible. Travailler aujourd'hui, flux tendu et servitude volontaire*, Seuil, Paris, 2004; Philippe ASKENAZY, *La Croissance moderne. Organisations innovantes du travail*, Economica, «Approfondissement de la connaissance économique», Paris, 2002.

生活①。

语音导引系统的引入,充分说明物流平台的员工受到的限制越来越多。亚马逊的订单拣货员使用语音识别软件直接与中央计算机单元进行通信,并通过耳机逐步执行数字语音指令。每次拣选包裹时,他都要对着麦克风说出与包裹数量相对应的数字,以此来验证包裹的拣选是否正确,从而得出数据,作为评估依据,决定是否发放生产力奖金。这个系统非常残酷。亚瑟(Arthur)还记得他的第一次经历:

> 我差点就跑了,立刻!我觉得太可怕了。说实话,这太吓人了。……还有那个声音,一直重复"请重复,这个词无法识别"。尤其是刚开始的时候,当你操作不熟练时,它会一直重复,你会发疯的……

收集这些证词的社会学家大卫·加博里奥(David Gaboriau)指出,语音指令大大减少了时间占有的形式。②虽然好玩的转移策略和最低限度的抵抗使我们有可能与自我占有

---

① Ifeoma AJUNWA, Kate CRAWFORD et Jason SCHULTZ, «Limitless worker surveillance», *California Law Review*, vol. 105, n° 3, 2017, p. 735.

② David GABORIEAU, «Quand l'ouvrier devient robot. Représentations et pratiques ouvrières face au stigmate de la déqualification», *L'Homme et la société*, vol. 3, n° 205, 2017, p. 245-68; David Gaboriau, « "Le nez dans le micro". Répercussions du travail sous commande vocale dans les entrepôts de la grande distribution alimentaire», *La Nouvelle Revue du travail*, n° 1, 2012.

第一章　加州意识形态的苦难

的暴力保持一定距离，但个人和集体的自治空间仍然极为有限。

呼叫中心工作组织的演变为我们提供了当前技术创新对工作组织的影响的另一个例子。自21世纪初以来，由于计算机和电话的结合，管理层对呼叫中心座席人员活动的影响大大增加。首先，自动化意味着可以更严格地控制工作时间。工作人员开始工作时"登录"，结束工作时"注销"。他们的休息时间会被自动计算。与迟到一样，任何过长的休息时间都会直接被报告给主管。此外，计算机化使记录和处理有关个人绩效的一系列数据成为可能，这就使管理者掌握了量化的、脱离实际的信息，而员工很难对这些信息提出质疑。[1] 呼叫中心引入人工智能程序后，这种控制措施得到了进一步完善。我们都很熟悉客户服务部门发出的信息，即对话可能会被录音，以便进行质量监控。1%到2%的呼叫会被抽样。但现在，微软的合作伙伴Sayint提供的不是简单的抽样验证，它还开发出了一种技术，可以"确保您的员工100%满足您的要求"。该软件记录并分析所有对话。算法将检查是否遵守了规定的规则，跟踪双方在措辞和语调中传达的情感，并为每次表现打分。如果发现有问题，会立即将之报告给主管。这样，机器就被赋予了监督、评估和间接决策的职责。这一发展为工会行动带来了深渊般的问题，也对人力

---

[1] Jamie WOODCOCK, *Working the Phones. Control and Resistance in Call Centres*, Pluto Press, London, 2017, p. 50 et p. 65-66.

资源造成了令人昏乱的缺口。① 无论如何，这都使我们与加州的欢乐之梦相去甚远。

这两个例子说明了工作质量的恶化，尽管这种恶化的形式因部门和就业类型而异，但也得到了大量统计数据的证实。1995—2015年间，我们观察到欧洲国家几乎所有职业的管理要求水平都提高了，决策自由度降低了。② 这两个因素均与较低的工作满意度相关。这种有害的混合物使越来越多的员工陷入职业压力，对健康和社会产生有害影响。一个值得注意的现象是，只有高级管理人员得以幸免。虽然他们和其他人一样面临着越来越多的要求，但这些要求与更大的自主权相伴而来，从而抵消了负面影响。事实上，媒体对"经营管理压力"的关注更多地反映了这些社会阶层提高形象的能力，而不是特别的压力暴露程度，相反，这一群体总体上并未受到影响。

对美国的研究也表明，自20世纪70年代以来，工作质量呈下降趋势。③ 平均而言，工作在调动各种技能、自主性和相互依

---

① 有关算法监督的挑战，参见：Sarah O'CONNOR, «Algorithms at work signal a shift to management by numbers», *Financial Times*, 6 février 2018; UNI GLOBAL UNION, «Top 10 principles for ethical artificial intelligence», thefutureworldofwork.com, 2017。

② Philippe ASKENAZY, *Tous rentiers ! Pour une autre répartition des richesses*, Odile JACOB, «Économie», Paris, 2016, chapters IV et V. 与本书相比，作者在2018年5月提供了更新的信息，将在欧盟十五国观察到的趋势扩展到2015年。

③ Lauren A. WEGMAN *et al.*, «Placing job characteristics in context: cross-temporal meta-analysis of changes in job characteristics since 1975», *Journal of Management*, vol. 44, n° 1, 2016, p. 352-386.

第一章　加州意识形态的苦难

赖性方面变得更加丰富。尽管从表面上看,这些发展是积极的,但并没有转化为工作满意度的提高。这是因为在工作的意义方面缺乏进展,任务的分散性和相关性失去了意义。这种停滞不前是强加给员工的工作重组的结果,在这种重组中,给予团队自主权只是为了提高劳动强度。年轻一代对实现职业理想的可能性感到失望,他们对工作内在质量的重视程度已不如他们的长辈。①

心理学家伊夫·克洛特（Yves Clot）指出,工作满意度与人们的行动力密不可分,而正是这种行动力的丧失损害了工作：

> 工作不仅仅是……发展自己的活动、目标、工具和受众,并通过自己的主动性影响工作组织。相反,当工作环境中的事物开始相互建立起与个人主动性无关的关系时,个体在活动中就会产生被剥夺感。矛盾的是,在这种情况下,人们会行动,却不会觉得自己积极主动。这种被剥夺感会削弱个体,使他们失去真实感,不仅会影响他们的行动效率,还会影响他们的健康。因为在这种情况下,心理活动过程会封闭起来,变得无法改变。在这个过程中,个体所经历的情绪,从对他人的怨恨到失去自尊,不再具有引导和激励作用。它们不再激发个体和集体的主观能量。

---

① Jean M. TWENGE, «A review of the empirical evidence on generational differences in work attitudes», *Journal of Business and Psychology*, vol. 25, n° 2, 2010, p. 204-205.

相反，它们会包裹、保护同时扼杀个体的能量。心理活动不再通过情绪展现出来，而是停留在心理活动阶段。随着心理活动的中止，情绪退化为"悲伤的激情"，成为阻碍发展的新的障碍以及个体和集体心理防御的来源，而维持这种防御甚至会成为一种虚构的任务。[1]

工作质量要求个人和集体的主观能量得以发挥。只有当人们能够影响职业活动的组织，并在目标中认识到自己时，他们才能在工作中获得满足感。如果说信息通信技术的普及导致了职业活动的减少，那是因为数字化工具无法让大多数员工确定工作的目的和形式。因此，过度活跃和无足轻重的感觉往往相伴而生，形成一种破坏性的混合体。

这与加州意识形态承诺的数字技术将增强人们的行动能力相矛盾。然而，我们没有理由相信这是这些技术的内在影响。问题在于技术在资本主义劳动领域的应用及其决定因素。新技术的引入是对经济和政治双重压力的回应。一方面，它受到降低成本逻辑的驱动。这关系到企业的生死存亡，更直接关系到企业的盈利能力。另一方面，工作组织也是工资关系再生产的场所，工资关系是劳动力对资本的政治隶属关系——这种再生产越有保障，留给下属的资源就越少。

---

[1] Yves CLOT, *Travail et pouvoir d'agir*, PUF, Paris, 2014, chapitre I.

第一章 加州意识形态的苦难

竞争压力使工作变得更加复杂，雇员的技能也必须提高。因此，与"在资本的支配下，工作趋于去技术化"的假设[1]相反，泰勒制并没有沿着简单重复劳动的方向线性发展下去，而是转而要求劳动力提高技能[2]。教育水平的提高与专业实践的精细化息息相关。然而，这并不等同于工作的解放。首先，经济体的一些部门可能会出现技能同时提升的情况，而另一些领域则可能出现去技能化的现象。在此，语音控制仓库工人的例子就说明了这一点，即使在数字经济的创意领域放松了权威控制，工作被剥夺的现象仍然存在，甚至变得更加严重。其次，工作既可以变得更加复杂，也可以变得更加压抑，因为它受到更严格的控制。例如，呼叫中心的监控加强通常伴随着复杂性的增加，这体现在论证的精确性和技术性、分析形势的能力以及与客户沟通所涉及的情感劳动等方面。

竞争需求本身并不能解释为什么没有发展出更加民主的工作组织形式。我们看到了"解放公司"倡议的蓬勃发展，在这些倡议中，管理者提议放宽等级限制，以更好地调动员工的积极性并提高他们的生产力。这些实验并非仅仅为了宣传噱头，

---

[1] Harry BRAVERMAN, *Travail et capitalisme monopoliste*：*La dégradation du travail au XXe siècle*，Maspero，Paris，1974.

[2] 从20世纪80年代起，我们发现手工劳动的抽象性和复杂性有了相应增加。在20世纪80年代和90年代丰田模式逐渐取代了严格的泰勒制概念，也就是取代了工业中自上而下的垂直工作组织。参见：Benjamin CORIAT, *L'Atelier et le robot. Essai sur le fordisme et la production de masse à l'âge de l'électronique*，Christian Bourgois，Paris，1994，p. 218-230。

但即便如此，也很少会得到延续——即使它们在生产效率方面取得了成功，例如沃尔沃（Volvo）在乌德瓦拉的工厂（于20世纪90年代初关闭）或通用汽车公司的"土星项目"（于2009年最终放弃）。①

总之，在工作组织中引入与信息通信技术有关的新系统，是为了满足提高竞争力的经济需要，从长远来看，也是为了提高雇员的技能，但也必须从它给权力关系带来的变化的角度进行分析。② 反过来说，雇主（或管理层）的地位因掌握了有关雇员行动的信息而得到加强，这就解释了为什么他们通常更喜欢采用控制手段，使其能够尽可能密切地监督雇员的任务执行情况。

因此，这不仅仅是一个效率或绩效问题。政治也是关键。波兰经济学家米哈尔·卡莱基（Michal Kalecki）当年指出，"工厂的纪律"和"政治稳定"比利润更受企业领导层重视。③ 正是意识到重现自己的统治地位与民主的生产组织互不相容，经理和主管们才决定在工作场所运用信息通信技术的形式。

---

① Thomas COUTROT, *Libérer le travail. Pourquoi la gauche s'en moque et pourquoi ça doit changer*, Seuil, Paris, 2018, chapitres VI et VII. 有关"土星项目"的详细信息，参见：Mary O'SULLIVAN, *Contests for Corporate Control. Corporate Governance and Economic Performance in the United States and Germany*, Oxford University Press, Oxford, 2001, p. 213-219。

② Frederick GUY et Peter SKOTT, «Power-biased technological change and the rise in earnings inequality», conférence en l'honneur de John Roemer, University of Massachusetts, 2005.

③ Michal KALECKI, «Political aspect of full employment, 1», *The Political Quarterly*, vol. 14, n° 4, p. 326.

第一章　加州意识形态的苦难

正如加州意识形态狂热者的直觉一样，信息通信技术确实伴随着技能增加和任务复杂化的现象。然而，解放的前景却换来工作过程要求的提高和控制水平的提高，这导致了压力和严重的不满情绪。因此，对大多数雇员来说，对资本控制的偏好超过了对"资本主义新精神"的承诺。

空间两极化加剧：无形资产的悖论

为了解释硅谷创新活力的成功，我们经常提到该地区理应盛行的自由和开放文化。20世纪80年代末，从加州归来的法国研究人员强调："知识、理念和技术从一家公司转移到另一家公司，从一个领域转移到另一个领域，既方便又快捷。"他们得出结论，与"知识生产的条件"相比，"起决定性作用的似乎是知识流通、传播和吸收的条件，而这与高技能雇员的流动形式密切相关"。[1] 对硅谷和马萨诸塞州128号公路地区进行的深入比较研究证实，这一特质使西海岸具有决定性的优势。[2] 尽管在20世纪70年代，128号公路地区在工作岗位数量上明显领先，但从下一个十年开始，由于封闭的组织模式，公司被视为一个自给自足的实体，存在于真空中，与环境没有任何关系，128号公

---

[1] Bernard CUNEO, Annie DONA GIMENEZ et Olivier WEINSTEIN, «Recherche, dévelop-pement et production dans l'industrie électronique. Le processus de production et de circulation des connaissances dans la dynamique de la Silicon Valley», GIP «Mutations industrielles», Paris, 1986.

[2] AnnaLee SAXENIAN, «Regional networks and the resurgence of Silicon Valley», California Management Review, vol. 33, n° 1, 1990, p. 89-112.

路地区逐渐失去了优势。相比之下，在硅谷，网络形式和开放的劳动力市场占主导地位，鼓励了高度的创业灵活性。对20世纪80年代初成立的两家新公司进行比较，就能说明这种差异——马萨诸塞州的阿波罗电脑公司（Apollo Computer）和加州的太阳微系统公司（Sun Microsystems）。这两家公司经理人的差异象征着两个世界之间的鸿沟。阿波罗电脑公司的首席执行官于1984年上任，当时五十三岁，之前是通用电气公司的高管。太阳微系统公司则由创始人管理，他们当时还只有二十多岁。前者制定了严格的着装要求，不鼓励留胡须，后者则每月组织一次啤酒节；前者乘坐由司机驾驶的豪华轿车，后者的一位创始人的法拉利跑车在愚人节那天被扔进了泳池，员工们打扮成大猩猩的样子，热闹非凡。这种不拘小节的氛围与激进的个人主义相辅相成，使每个人都没有了对组织的忠诚之心。如果员工不指望得到雇主的保护，他们也不会表现出任何忠诚。他们一有机会就会远走高飞，大家对此表示理解。如果非要找出硅谷经验的一个特点，那就是鼓励知识快速传播的个人自由流动氛围。

20世纪70年代和80年代硅谷的文化氛围无疑对这种思维方式的传播和该地区在信息技术领域的领先地位起到了决定性作用。但一旦取得了统治地位，文化氛围就不再是解释硅谷为何一直是世界上最具活力的创新中心之一的决定性因素了。地理经济学表明，当企业能够利用基础设施、熟练工人和专业供应商等地域资源时，它们就能从集聚效应中获益。当涉及知识

第一章　加州意识形态的苦难

时，这种交叉作用尤其强烈。因此，今天的硅谷是一个累积过程的结果，在这个过程中，参与者从最初的微小优势中越来越多地受益于彼此的共同存在，从而导致与其他地区的重大差异。

这种社会两极分化的态势因强调雇员的流动性而得到加强。虽然这对高素质员工的知识传播有积极作用，但对绝大多数其他员工来说，灵活性就是工作不稳定的代名词。硅谷的情况也很典型，近三分之一的人口收入不足以满足基本需求，贫困现象普遍存在。根深蒂固的种族和性别不平等现象持续存在，而且往往比美国其他地区更为明显，这也破坏了人们推崇的多元化开放理念。[1]

最后，不平等与创新之间的关系还有一个严格的地理维度。创新就是发现新的组合，就是把以前没有的东西放在一起、组织起来。为了实现这一目标，邻近性和直接互动是至关重要的事，以便从发现过程所必需的社会授粉中受益。这一过程所需的隐性知识大多植根于现实生活的社交网络中。因此，参与创造性活动的人有兴趣聚集在一起，从非正式交流中获益，从而提高他们的生产力和收入。[2] 然而，这导致了隔离。不仅创新集

---

[1] Molly TURNER, «Homelessness in the Bay Area», *The Urbanist*, n° 560, 2017；David ROTMAN, «Technology and inequality», *MIT Technology Review*, 21 octobre 2014.

[2] 这一点在1990—2010年期间的美国得到了证明。参见：Enrico BERKES et Ruben GAETANI, «Income segregation and rise of the knowledge economy», *SSRN*, 2018, en ligne. 论创新与不平等的一般关系，同样使用的是美国的例子，参见：Philippe AGHION *et al.*, «Innovation and top income inequality», *NBER Working Paper*, n° 21247, 2015。

中在大城市地区①，在城市与乡村两极分化的同时，城市地区之间的社会分化也在加深，包括每个城市内部不同社群之间的分化。

在此，加州意识形态再次被当代的发展颠覆。《大宪章》承诺"让尽可能多的人掌握先进的计算机技术，可以缓解高速公路拥堵，减少空气污染，让人们远离拥挤的市区"②。但事实恰恰相反。事实上，"发生在哪里"已变得至关重要——生活在时髦思想流通的城市和社群，是获取与无形资产全球传播相关的部分收入的关键条件。全球范围内，那些生产和估价无形产品的地方，也是最具吸引力的职业机会聚集地。也许未来的技术发展会使就近的信息优势消失殆尽，或者分散的力量（污染、拥堵、租金价格等）最终会取而代之，但到目前为止，无形资产正在加剧空间两极分化。③

聚焦空间维度，我们可以清晰地认识到，硅谷的理念无法照搬套用。这种经验源于专业化的逻辑，随着时间的推移，这种逻辑不断自我强化，最终形成了这一世界级的创新集群。这

---

① Pierre-Alexandre BALLAND et al., «Complex economic activities concentrate in large cities», *SSRN*, 2018, en ligne.

② Esther DYSON et al., «Cyberspace and the American dream», *The Progress and Freedom Foundation*, vol. 1, n° 2, p. 302; «Does it encourage geographic concentration? Second wave policies encourage people to congregate physically; third wave policies permit people to work at home, and to live wherever they choose», «Cyberspace and the American dream», *loc. cit.*, p. 307.

③ Jonathan HASKEL et Stian WESTLAKE, *Capitalism without Capital. The Rise of the Intangible Economy*, Princeton University Press, Princeton, 2018, chapitre VI.

第一章　加州意识形态的苦难

也解释了为何除班加罗尔、新加坡、中国的广东省和浙江省、波士顿和特拉维夫等少数成功案例外，其他地区复制硅谷模式的尝试大多以失败告终。诚然，每一次尝试都可能存在政治决策上的失误，这些失误或许可以解释部分梦想破灭的原因。[①]然而，根本原因在于，一味模仿硅谷模式注定无法成功。硅谷的"岛屿"需要硅谷之外的"海洋"才能生存。商品在硅谷之外的地方组装、分类和运输。动物在那些边缘的土地上饲养和宰杀，植物在那里生长。废物被运输到那些被忽视的空间。简而言之，这片居住着绝大多数人口的广袤世界，由于一种忽视地理区位创新潜力的外部条件的共识，被简化为微不足道的部分。因此，"硅谷共识"建立在构成谬误的基础上——硅谷的经验被作为一种可以模仿的模式，而它之所以值得模仿，恰恰因为它几乎是独一无二的。

开放和自由流动的形象也与社会不平等急剧扩大的现实形成鲜明对比。为了鼓励生产要素的流动性和灵活性，促进私人承担风险并吸引投资者，当局正在减少对资本和高收入者征税，对逃税行为表现出一定的宽容，并收紧知识产权。这种政策必然有利于富人，削弱公共财政。加州也是这方面的先驱，它发起了一场强势的运动来取消社会政策的合法性。对于这个地区

---

① Josh LERNER, *Boulevard of Broken Dreams. Why Public Efforts to Boost Entrepreneurship and Venture Capital Have Failed—and What to Do About It*, Princeton University Press, Princeton, 2009.

来说，20世纪80年代是经济的天赐良机。[1] 里根上台后，大量军事合同纷至沓来。与此同时，金融自由化助长了疯狂的房地产投机。这种肆无忌惮的繁荣助长了右派的野蛮反击，右派的首要目标是公共干预，60年代兴起的新左派在这一领域却准备不足。对任何形式的官僚主义根深蒂固的敌意和对地方试点的偏好，给主张大规模减税的人带来了意识形态上的难题。早在1978年，他们就赢得了一项全民公投提案——"第13号提案"（Proposition 13），该提案对加州宪法提出了修正案，大幅限制财产税水平。这场战役只是一系列改革的前奏，这些改革极大地减少了州政府的税收资源，并在20世纪90年代初引发了一场预算危机，导致除监狱以外所有领域的公共服务急剧减少。

即使开放的文化和人员流动性最初赋予硅谷决定性优势，促成它成功的最关键因素还是在知识生产领域逐步积累优势的地域动态。这种结合导致了一种目光短浅的效应，即过分高估赋予个人野心的自由度，而低估了区域经济规模的作用，这种规模经济本质上是不可复制的。结果呈现出双重的矛盾性。一方面，让硅谷最初获得成功的本地流动性正在因聚集带来的不平等和隔离而萎缩。另一方面，由此产生的经济优势使硅谷经验被奉为普遍可推广的模型。然而，地域的独特之处本质上是例外，并不能代表世界的共同未来。

---

[1] Richard WALKER, «California rages against the dying of the light», *New Left Review*, vol. 1, n° 209, 1995.

第一章 加州意识形态的苦难

没有增长的创新：熊彼特悖论

经济学家约瑟夫·熊彼特提出了"创造性破坏"的概念，这是 20 世纪最具影响力的经济思想之一。他追随马克思的脚步，反对基于均衡的方法，坚持认为资本主义的动力是经济结构的动荡变化过程，其根本动力"来自新的消费对象、新的生产和运输方法、新的市场、新的工业组织类型"[①]。在学术上支撑"硅谷共识"的经济增长理论采纳了这一概念并将其整合到自己的模型中，它的信条是：创新通过传播新技术和消除过时的方法来促进增长。[②]

从这个角度来看，当前资本主义的轨迹似乎是自相矛盾的。一方面，数字技术发展的例子表明，创新不断涌现，生产、消费和交换方式发生了多方面的质变。简而言之，这些迹象表明了新的活力。但另一方面，我们看到国内生产总值和生产力呈下降趋势，金融领域的负重增加，就业持续不足，最后但并非最不重要的是生态条件迅速恶化——所有这些现象加在一起，都表明了衰退的趋势。

正如我们所见，自 21 世纪以来，在振兴被视作陈旧的生产

[①] Joseph SCHUMPETER, *Capitalisme, socialisme et démocratie*, suivi de *Les Possibilités actuelles du socialisme* et *La Marche au socialisme*, Payot, «Bibliothèque historique», Paris, 1947, chapitre VII.

[②] Philippe AGHION et Peter W. HOWITT, *The Economics of Growth*, MIT Press, Cambridge, 2009. 实际上，这些作者与熊彼特时代的社会科学思想之间的关系相当松散，这一点从他们将"创造性破坏"这一说法与《经济发展理论》(*Theory of Economic Development*, p. 474) 而非《资本主义、社会主义和民主》(*Capitalism, Socialism and Democracy*) 联系起来这一事实就能看出。

结构的公共政策中，创新和竞争问题扮演着核心角色。在某种程度上，这些政策取得了成功。它们推动了技术经济格局的质变。与20世纪的旧辉煌相比，数字时代的标志性企业在世界主要股票市场的资本排行榜上名列前茅，尽管它们中的大多数成立还不到二十年（见表1-1和表1-2）。这表明，长期以来由少数跨国公司统治的这一精英群体发生了真正的动荡。[1]

但令人惊讶的是，这种技术组织上的混乱并没有转化为资本主义机器的新活力。菲利普·阿吉翁是最著名的增长经济学家之一，他不得不承认这一点，尽管他只是口头上说说而已。在法兰西学院的就职演讲中，他根据标准专利数据指出："我们确实看到了创新的加速，不仅在数量上，而且在质量上。"[2] 他接着问道："为什么创新的加速没有反映在增长和生产力上？"答案在于这"本质上是一个衡量问题"，因为创新——尤其是那些导致创造新产品的创新——需要经过一段时间才能被纳入统计。[3]

---

[1] Naomi R. LAMOREAUX, Daniel M. G. RAFF et Peter TEMIN, «Beyond markets and hierarchies: toward a new synthesis of American business history», *NBER Working Paper*, n° 9029, 2002.

[2] Philippe AGHION, *Repenser la croissance économique*, Collège de France/Fayard, «Les leçons inaugurales», Paris, 2016, p. 43.

[3] Philippe AGHION et al., «Missing growth from creative destruction», *American Economic Review*, vol. 109, n° 8, p. 2795-2822. 对所用方法的详细批评，参见：Michel HUSSON, «Monsieur Philippe Aghion bouleverse la croissance», À l'encontre (blog), 6 juillet 2017. 虽然阿吉翁拒绝使用"停滞"一词，但自他就职演讲以来，他的立场已经发生了变化。他承认生产力和经济增长呈下降趋势，但并未对当前形势做出解释，而是提到了低利率对资本分配的危害以及公共服务的削弱。参见法兰西学院网站上的讲座录音，尤其是2017年10月17日的讲座。

第一章 加州意识形态的苦难

表1-1 2000年全球市值最大的公司

排名	公司	行业	国家	资本总额（单位：十亿美元，截至2000年2月28日）
1	埃克森美孚（Exxon Mobile）	石油天然气	美国	362
2	通用电气（General Electric）	大型企业集团	美国	348
3	微软	科技/软件	美国	279
4	花旗集团（Citigroup）	金融	美国	230
5	英国石油（BP）	石油天然气	英国	225
6	荷兰皇家壳牌（Royal Dutch Shell）	石油天然气	荷兰	203
7	宝洁（Procter & Gamble）	家庭和个人护理产品	美国	197
8	汇丰集团（HSBC Group）	金融	美国	193
9	辉瑞（Pfizer）	制药	美国	192
10	沃尔玛（Wal Mart）	贸易	美国	188

资料来源：*Forbes*.

表1-2 2023年全球市值最大的公司

排名	公司	行业	资本总额（单位：十亿美元，截至2023年3月4日）
1	苹果（Apple）	科技	2 601
2	微软	科技	2 114
3	沙特阿美（Saudi Aramco）	石油天然气	1 910

续表

排名	公司	行业	资本总额（单位：十亿美元，截至2023年3月4日）
4	Alphabet（谷歌）	科技	1 322
5	亚马逊（Amazon）	科技/商业	1 043
6	英伟达（NVIDIA）	科技/芯片	691
7	伯克希尔·哈撒韦公司（Berkshire Hathaway）	金融	677
8	特斯拉	科技/汽车	613
9	Meta（脸书）	科技	546
10	强生（Johnson & Johnson）	制药/保健	487

资料来源：companiesmarketcap.com.

关于生产力和增长衡量的技术讨论引出了一些重要问题（参见本书"附录一"）。然而，就我们在此感兴趣的问题而言，当代资本主义的动态趋势明确无误。[1] 与菲利普·阿吉翁所说的相反，衡量问题并不能解释这种下降。重新评估创新的影响也不会改变什么，生产力和增长都在放缓。更有趣的是，统计学家的想法表明，数字创新的大部分影响都逃不过市场交换和相应的会计核算。维基百科显然就是这种情况，它取代了百科全书出版商的产出，减少了市场产出。谷歌提供的服务、社交网络和

---

[1] David M. BYRNE, John G. FERNALD et Marshall B. REINSDORF, «Does the United States have a productivity slowdown or a measurement problem?», *Brookings Papers on Economic Activity*, mars 2016, p. 109-182; Gustavo ADLER et al., «Gone with the headwinds: global productivity», *IMF Staff Discussion Note*, n° 17, 2017.

大量应用软件也是如此，它们只是通过广告实现了轻微的商品化。在计算市场产出时，广告收入作为广告商的中间消费被考虑在内，但并不直接计入向消费者提供的服务。考虑到用户的主要利益，这可能会让人大吃一惊。但统计学家们认为，"非市场生产的收益及其对福利的贡献虽然重要，但最好将其作为与生产力变化不同的概念来对待"①，这是对的。数字技术最强大和最有用的影响在很大程度上超出了市场经济的范围，这一事实不容忽视。这是当代资本主义脆弱性的症状之一。

想要在价格体系中考虑经济活动的质量，在概念和经验上都有困难，但这是一个根本问题。尽管如此，目前的停滞显然不是简单的统计假象，它掩盖了市场经济的活力。2008年危机对金融和宏观经济的冲击、普遍存在的就业不足以及不断加重的债务负担，都是更深层次问题的表象。当新技术经济范式的运用伴随着前一阶段特有的社会关系的瓦解，并从经济和政治条件再生产的角度削弱了经济活力时，熊彼特式的"反语"就会变成一种破坏性创造。

创业型国家的韧性：欧洲的悖论

近几十年来的欧洲冒险经历令人深感悲哀和失败。在市场和金融帝国的统治下，老欧洲大陆陷入了怨恨和不信任的泥潭，

---

① David M. BYRNE, John G. FERNALD et Marshall B. REINSDORF, «Does the United States have a productivity slowdown or a measurement problem?» *loc. cit.* p. 142.

所有关于一体化进展的讨论都被无情地归结为狭隘的预算计算。这种共同的怨恨源于一个破碎的强国梦。按购买力平价计算，2018年欧盟占世界GDP的比重已从1980年的30%降至16.9%。诚然，这一下降呆板地反映了某些发展中国家，特别是中国的权重提高，中国的经济发展在同一时期加速。但与发达国家中的美国相比，美国的比重仅从27%降至18.5%，这证明了欧洲的某种脱节。一方面，欧盟在宏观经济管理、竞争监管和货币政策等方面的制度先进性使其成为新自由主义的前沿；另一方面，欧盟在经济上的相对失败不仅体现在增长和就业方面长期表现不佳，还体现在居于前列的主要信息技术公司中没有欧洲资本的身影。值得注意的是，欧洲人日常使用的大部分网络服务都由美国公司提供。然而，中国和俄罗斯等起初处于劣势地位的国家却成功地发展了极其丰富的本土数字生态系统，它们的搜索引擎（百度、Yandex）、社交网络（微博、Vkontakte）和电子商务网站（腾讯、京东商城）的访问量均位居世界前列。相反，如果我们将谷歌的本地版本（google.de、google.fr等）排除在外，欧洲在五十个最受欢迎网站的排名中只占两席，而且还是xvideos.com和xnxx.com这两个由一家波兰公司控制的色情门户网站，它们的所有者都是法国公民。[①] 有趣的是，观察结果同样残酷。2000年，欧洲领导人的目标是使

---

① 2023年2月Similarweb的"最受欢迎网站排名"，参见维基百科：«List of most popular Websites»，Wikipédia, 6 avril 2023.

第一章　加州意识形态的苦难

该地区成为"世界上最具竞争力和活力的知识经济体"。如今，它不仅远远落后于美国，而且在这一领域也在很大程度上落后于中国和俄罗斯。所以发生了什么呢？

20世纪90年代末，欧洲强烈地感受到了美国新经济的繁荣。随着单一市场的建成和单一货币的发行，精英们意识到，专门从事第二次工业革命后产业活动的欧洲经济正在远离技术前沿，美国则在拉近与技术前沿的距离。在大多数国家当时执政的社会民主党政府的领导下，"里斯本议程"获得通过。这是一项雄心勃勃的计划，一方面结合了市场自由化改革（包括劳动力市场）以及正统的预算政策，另一方面又明确表达了支持研究、教育和培训的愿望。然而，前者很快占据了上风，创新政策从属于新自由主义框架。对于参与讨论的进步经济学家来说，无疑被泼了一盆冷水。由于没有社会力量被动员起来捍卫自己的立场，政治博弈使大公司自然偏爱劳动力的灵活性，偏爱国家不干预它们的投资政策。[1] 埃利·科恩（Élie Cohen）认为，正是这种转变解释了欧洲相对的技术滞后：

> 2000年代，欧洲大力推行放松管制和自由化的计划，

---

[1] 这些经济学家包括监管主义者本杰明·科里亚特（Benjamin Coriat）和罗伯特·博耶（Robert Boyer），以及国家创新系统理论家之一吕克·索特（Luc Soete）。关于批判性的陈述，参见：Bruno AMABLE, *Structural Crisis and Institutional Change in Modern Capitalism. French Capitalism in Transition*, First/Oxford University Press, New York/Oxford, 2017, p. 118-121。

导致欧洲国家的冠军企业（阿尔卡特、西门子、诺基亚、飞利浦、意法半导体、英国电信、德国电信、意大利电信等）被削弱。与此同时，中国从零开始建立了强大的电信、元器件和消费电子产业。韩国通过政府对网络的大力投资和工业参与者的持续努力，成为全球移动多媒体领域的领导者之一。美国则不断重塑信息通信技术产业，在互联网（谷歌和脸书）、信息技术服务（IBM）、个人电脑（苹果）和软件（微软、甲骨文）等领域都处于世界领先地位。①

面对竞争的狂风，欧盟拒绝进行任何行业干预，也无法对科研和教育进行足够的投资。它眼睁睁地看着自己几十年来辛辛苦苦建立起来的产业优势逐渐消散，却没有新的优势取而代之。与此同时，国际市场上的新兴力量正在采取战略性政策，加速在创新领域的技能积累。这与同期欧洲发生的情况形成了鲜明对比。在欧洲，人们选择让企业独自掌握创新的主动权，并禁止国家干预改变竞争的力量。然而，这意味着，一方面，对研究的公共资助必须保持在市场应用的上游；另一方面，对创新的支持必须是无差别的——所谓的"横向政策"。

以法国为例。当局不得不放弃建立部门和重大项目的逻辑，

---

① Élie COHEN, «Stratégie de Lisbonne: l'avenir d'un échec», *Regards croisés sur l'économie*, vol. 11, n°1, 2012, p. 128-138.

第一章 加州意识形态的苦难

在此之前,这一直是法国创新体系的核心。诚然,这导致了一些明显的失败,特别是 20 世纪 60 年代启动的旨在创建法国计算机工业的"计算"计划,也带来了一些问题重重的成功,比如核工业。但是,如果没有它,法国的工业就不可能在 20 世纪 70 年代迎头赶上。做研发可以抵免税收,这是新方法的典型工具。这一通用制度让企业可以完全控制支出类型,目的仅仅是支持和鼓励企业自发的研发工作,由公共机构承担部分费用,从而鼓励企业提高研发支出水平。这种手段的成本极高,2008—2014 年间,法国每年的成本约为 50 亿欧元,而且会产生暴利效应,企业会别出心裁地将本应由它承担的支出算作创新支出。大多数实证研究表明,该计划其实不会对研发产生任何连锁效应,也不会增加专利申请数量。[1] 因此,我们看到的是一项缺乏战略思维的公共资助政策。

要理解欧洲创新支持政策背后的新理念,并把握所犯的判断错误,我们必须回到 1994 年。当时,在大西洋彼岸形成的加州意识形态以一份题为《欧洲与全球信息社会》的报告形式在欧洲大陆传播。该报告由当时的内部市场和工业专员马丁·班格曼(Martin Bangemann)指导撰写,并得到了十八家大公司

---

[1] Evens SALIES, «Études d'impact du crédit d'impôt recherche (CIR): une revue de la littérature», *Rapport à l'attention de Monsieur Thierry Mandon, secrétaire d'État chargé de l'Eenseignement supérieur et de la Recherche*, MENESR/OFCE, 2017. Voir également Jean-Pierre MOGA, *Projet de loi de finances pour 2023: recherche et enseignement supérieur*, rapport fait au nom de la commission des affaires économiques du Sénat, déposé le 17 novembre 2022.

董事的帮助。报告描述了一场以信息技术为主导的工业革命，它希望欧盟相信市场机制能够进入这个新时代：

> 信息部门的特点是发展迅速。市场将发挥主导作用，决定赢家和输家。鉴于相关技术的力量及其普遍性，市场只能是普遍的。政府的首要职责是维护竞争力量，创造有利于信息社会发展的长期政治氛围，从而使这里和其他地方一样，需求能够推动增长。①

与信息技术相关的生产力的发展必须是市场优胜劣汰的结果。由于它具有直接的普遍性，因此不能容忍民族国家任何形式的限制。在这些假设的基础上，该报告呼吁各国政府采取有利于竞争的积极行动——建立适当的管理框架、努力实现标准化、实行内部和外部自由化，并加强知识产权。该报告反对任何"国家干预或保护主义"，并坚持认为必须由私人部门主动提供资金，因为公共部门被认为没有能力应对正在进行的变革。

事后看来，这个立场似乎很幼稚。中国、韩国和俄罗斯等国家不仅能够利用公共干预来支持它们进入数字时代，而且最重要的是，美国的领军地位绝不是自发市场力量的结果，硅谷

---

① Martin BANGEMANN, *L'Europe et la société de l'information planétaire. Recommandations au Conseil européen*, Publications Office of the European Commission, Bruxelles, 1994, p. 8.

第一章 加州意识形态的苦难

也不是。

硅谷的历史，乃至美国技术发展的历史与公共干预密不可分——首先是军工综合体的干预，其次是航空航天领域的干预，艾姆斯研究中心就设在山景城，这是美国国家航空航天局的主要研究中心之一。在这个故事中，斯坦福大学的领导者在获得军事研究合同方面的想象力和坚持不懈的精神起到了决定性作用。第二次世界大战期间，惠普、利顿（Litton）和瓦里安（Varian）等公司因军方订单而起飞，它们的电子仪器被用来制造雷达。20世纪60年代，军方仍然购买大部分新开发的半导体产品。[1] 虽然随着20世纪70年代大众消费市场的发展，电子工业部分摆脱了政府订单的影响，但随着里根"星球大战"计划的实施，政府的支持在20世纪80年代再次回升，同时，由于日本计算机的成功，政府采取了半保护主义措施。时至今日，国家通过有针对性的研究计划或军事命令进行干预，仍是美国创新活力的重要因素。在2013年出版的《创业型国家》（*The Entrepreneurial State*）一书中，玛丽安娜·马祖卡托展示了公共项目在近几十年来所有重大创新中发挥的决定性作用——从互联网和基因组测序到触摸屏和地理定位。[2] 该书揭开了创业者在

---

[1] AnnaLee SAXENIAN, *Regional Advantage. Culture and Competition in Silicon Valley and Route 128*, Harvard University Press, Cambridge, 1994, p. 20-27. Ann R. MARKUSEN et al., *The Rise of the Gunbelt. The Military Remapping of Industrial America*, Oxford University Press, New York, 1991.

[2] Mariana MAZZUCATO, *The Entrepreneurial State. Debunking Public vs. Private Sector Myths*, Anthem Press, New York, 2013.

技术发展过程中的神秘面纱，举例说明了苹果公司的成功在很大程度上归功于公共支出。最重要的是，这本书把战略思维问题重新置于创新经济学的核心，表明这不仅是研发支出的数额问题，将支出分配给机会最大的行业才是关键。这是对欧洲盛行理论的明确否定。欧洲领导人对硅谷神话信以为真，有意削弱了国家的创业职能，从而极大地阻碍了生产力的发展，加剧了旧大陆的社会和经济困难。

综上所述，对硅谷的广泛提及揭示了它本身明显的自相矛盾之处。"创业精神"让位于私人垄断的掠夺。对自主和个人创造力的颂扬，导致了计算机化的管理工具，加剧了工资隶属关系。地域两极分化、收益集中在少数"赢家"手中以及知识流通的障碍正在助长边缘化的动力，这既阻碍了创新，也妨碍了人们享受创新带来的潜在好处。随着发展，硅谷和更广泛的创新世界已经成为与最初取得成功的原则相悖的现实。这种演变如此明显，以至于背后的理论在很大程度上已经过时，这使得今天对这一神话的政治动员完全不合时宜。乔纳森·哈斯凯尔（Jonathan Haskel）和斯蒂安·韦斯特莱克（Stian Westlake）沮丧地指出，从那个时代继承下来的创新支持政策最终陷入了恶性循环：

> 为使经济蓬勃发展，决策者将努力创造信任和强有力的制度，鼓励开放机会，缓解社会冲突，防止有实力

的企业沉溺于食利行为。但与此同时，高效的无形经济似乎会加剧所有这些问题，造成极具争议的不平等形式，威胁到社会资本，并催生出以保护无形资产为己任的强势企业。①

"硅谷共识"的裂痕证明了这一点。与人们的预测相反，伴随着数字技术崛起而加速的社会经济变革并没有催生新的资本主义青年。相反，不断积累的证据表明，这种生产方式正在退化。

重塑公共领域

经济重视增长、效率、选择和消极自由，政治则注重公共利益、平等公民权、民主合法性和人民主权。
　　　　　　　　　　　　——南希·弗雷泽（Nancy Fraser）②

20世纪90年代的自由主义乐观态度承诺，民主将在开放市场之后蓬勃发展，但现在也失败了。三十年后，现在的民主明

---

① Jonathan HASKEL et Stian WESTLAKE, *Capitalism without Capital*, op. cit., p. 257.
② Nancy FRASER, «Legitimation crisis? On the political contradictions of financialized capitalism», *Critical Historical Studies*, vol. 2, n° 2, 2015, p. 164.

显陷入低迷。① 这是两种动力共同作用的结果。首先是以非民主形式管理资本主义的激增。欧洲和美国的威权主义领导人的胜选表明，在西方，极不民主的政治方案也能上台。

从另一个角度看，硅谷公司对个人自由和民主权利的蔑视也具有重要意义。我们记得麦克卢汉曾经预言，信息技术将粉碎等级结构，也记得谷歌领导层有信心为"将权力从国家和机构下放并转移给个人"做出贡献。这些承诺与增长前景不符。

在明目张胆的威权主义之外，西方老牌民主国家的政治生活受到了更为隐蔽的侵蚀。温迪·布朗（Wendy Brown）谈到了"消解民主"一词，以表明新自由主义政策正在从民主生活中榨取实质内容，而民主生活正处于公共辩论日渐平淡、民众对关键经济问题的影响日渐减弱的困境之中。②

这些殊途同归的趋势让人们对20世纪中叶以来所谓"自由民主"的脆弱性提出疑问，并促使人们重新认真思考德国哲学

---

① Steven LEVITSKY et Daniel ZIBLATT, *How Democracies Die*, The Viking Press, New York, 2018; Roberto S. FOA et Yascha MOUNK, «The danger of deconsolidation», *Journal of Democracy*, vol. 27, n° 3, 2016, p. 5-17; Roberto S. FOA et Yascha MOUNK, «The end of the consolidation paradigm, a response to our critics», *Journal of Democracy-Web Exchange*, 28 avril 2017; Robert KUTTNER, *Can Democracy Survive Global Capitalism？*, Norton, New York, 2018, p. XVII; Yascha MOUNK, *The People vs. Democracy. Why our Freedom is in Danger and How to Save It*, Harvard University Press, Cambridge, 2018. 这些著作由让-法比安·斯皮茨（Jean-Fabien Spitz）用法语简述。参见：Jean-Fabien SPITZ, «Le capita-lisme démocratique. La fin d'une exception historique?», laviedesidées. fr, 10 juillet 2018。

② Wendy BROWN, *Undoing the Demos. Neoliberalism's Stealth Revolution*, Zone Books, New York, 2017.

第一章 加州意识形态的苦难

家尤尔根·哈贝马斯（Jürgen Habermas）于1962年提出的"重新塑造公共领域"的假设。①

在哈贝马斯看来，大众传媒进入家庭的中心是家庭消费主义转型的决定性因素。公共领域让位于文化消费，"在这个空间里，在超级家庭中重新发现了一种氛围，不再是亲密关系，而是纯粹的混乱"②。个人沦为公共谈话的消费者，公共谈话则变成了一种大众产品，其主要目的是吸引受众，以便通过出售广告版面进行宣传。"沦为单纯的'事务'，讨论变得形式化……提出问题的方式变成了礼节问题，过去在公开争论中解决的冲突变成了个人摩擦。"③ 这种转变正在深刻改变公共辩论的质量。信息和辩论的目的是建立共识，或者说，我们可以称之为主观性的认知汇聚中心。这些认同点体现在个性中，而不是明确表达的观点中。

从年轻的哈贝马斯的角度来看，这些发展破坏了对公共事

---

① 参见哈贝马斯的著作《公共领域的结构转型》（*Strukturwandel der Öffentlichkeit*），法译本《公共空间：作为资产阶级社会构成层面的广告考古学》（*L'Espace public. Archéologie de la publicité comme dimension constitutive de la société bourgeoise*, Payot, Paris, 2003）由马克·B. 德·劳奈（Marc B. de Launay）译自德文版，该论点的摘要及其各方面的批判性论述参见：Craig J. CALHOUN, *Habermas and the Public Sphere*, MIT Press, Cambridge, 1992。斯塔西斯·库韦拉基斯（Stathis Kouvélakis）表明，这一论断植根于两种悲观主义观点——法兰克福学派阿多诺（Adorno）和霍克海默（Horkheimer）的观点，以及保守的社会学家的观点。参见：Stathis KOUVÉLAKIS, *La Critique défaite. Émergence et domestication de la théorie critique: Horkheimer, Habermas, Honneth*, Amsterdam, Paris, 2019, p. 304-307。

② Jürgen HABERMAS, *L'Espace public*, op. cit., p. 70.

③ Jürgen HABERMAS, *L'Espace public*, op. cit., p. 172.

务进行批判和理性讨论的潜在条件。早在 21 世纪之前，公共讨论质量的下降就产生了一种"公共领域的再封建化"，这可以从双重意义上理解。首先，在意见趋同的过程中，领袖人物背后政治取向的奇观化和人格化与封建权力的化身和代表相呼应，在这种情况下，理性标准就不复存在①：

> 公共领域成了公众面前的法庭，威望在此上演——而不是在公众中展开批判。②

其次，大众娱乐与广告的融合导致了封建主义所特有的各种流派的混杂，国家本身也不能幸免：

> 由于私人公司在做出关于消费者的决定时会给顾客留下他们是以公民身份行事的印象，因此国家有义务将其公民作为消费者来"对待"。这也是公共机构从宣传中获益的方式。③

哈贝马斯指出，资本主义发展往往会破坏历史上与之相伴的政治结构，削弱其民主潜力。随着时间的推移，这一体系的

---

① Jürgen HABERMAS, *L'Espace public*, op. cit., p. 203-204.
② Jürgen HABERMAS, *L'Espace public*, op. cit., p. 209.
③ Jürgen HABERMAS, *L'Espace public*, op. cit., p. 204.

第一章 加州意识形态的苦难

内部动力绝不是线性的,而是会产生起伏,并带有封建主义的幽灵。

这一分析强调了自由主义骗局的政治维度,该骗局声称将资本主义纳入市场经济,这种经济体制建立在平等交换的基础上。这个神话由19世纪的自由主义理论家提出,至今仍存在于政治家的咆哮之中,他们像20世纪90年代拥护硅谷意识形态的纽特·金里奇一样,承诺建立小业主资本主义。但是,当初创企业创始人之间的公开竞争导致新的垄断统治时,会发生什么?或者更笼统地说,当社会在生产资料所有者和无产阶级化的社会阶级之间产生两极分化时,以及像今天一样,不平等现象在全球范围内扩大,以利于极少数超级富豪的利益时,会发生什么?这些情况表明了经济权力的根本不对称,破坏了就普遍利益进行理性民主讨论的任何可能性。由于这种两极分化,国家干预经济利益斗争的方式垄断了大部分公众辩论。被削弱的部门要求采取纠正行动,最强大的部门则极力反对。资本主义的结构性不平等,尤其是它在当代的加剧,使得私人领域和公共行动无法区分,同时也消除了普遍利益的范畴。

批判性理性辩论的空间被控制资源的另外两种权力(金钱和行政权力)的交织所扼杀。战后福利国家的崛起使一些人希望资产阶级公共领域将被一种公共元领域(public meta-sphere)所取代,这种公共元领域有能力组织各组织之间的辩论,而这些组织的内部生活本应受到丰富的民主辩论的滋养。

这显然不是四十年来所遵循的道路。南希·弗雷泽总结道：

> 民主在各个层面都毫无意义。无论是外部法令（"市场"的要求、"新宪政"）还是内部收编（商业游说集团的控制、分包、新自由主义理性的传播），政治议程处处受到限制。曾经被认为完全属于民主政治行动范围内的事务，如今却被"市场"左右着。①

与此同时，公共服务和社会保障的解体、广告轰炸的加剧，导致日常生活日益商品化。这往往产生原子化的主体性，局限于社会生活的被动消费者角色，沉迷于个人表现。

电子通信的广泛使用给公共领域带来的变化并没有抵消这种衰退。人们希望互联网能够促进民主复兴的想法似乎得到了证实。例如，在法国，2005年就欧洲宪法草案举行全民公决前的宣传活动时，网络的巨大影响力推动了公众讨论。这种潜力真实存在，但也有强烈的对立动力在起作用。我们知道，社交网络互动机制的复杂性限制了多元化对话的可能性，致使形成了很大程度上自主且彼此无关的循环，脸书鼓励这种现象，它

---

① Nancy FRASER, «Legitimation crisis? On the political contradictions of financialized capitalism», *loc. cit.*, p. 180.

按优先顺序排列发布内容的系统使用了用户的个人信息。[1] 最后，大公司和政府安全机构对数据的大规模侵占威胁着民主的存在。更重要的是，随着数字版权管理（DRM）的发展和网络中立原则的削弱，互联网的民主潜力如今受到该行业大公司野心的威胁。最后，大公司和政府安全机构大量盗用数据，对个人和集体自由构成了前所未有的威胁。正是在这一背景下，参照哈贝马斯关于公共领域再封建化的概念，"数字封建主义"这一概念在文化与传媒研究领域得到了传播。[2]

这一观点值得进一步探讨。为此，我接下来要研究大数据时代资本主义与控制之间的关系——监视、依赖、捕获、垄断、新租金……在细微之处，除了回忆封建主义的某个方面之外，还有一种唤起封建主义逻辑整体的结构。换言之，这就是技术封建主义的契机。

---

[1] 2018年1月11日，马克·扎克伯格（Mark Zuckerberg）在社交网络上发布的一篇文章宣布了新政策在算法中的作用："你会注意到的第一个变化是在动态消息中，可以看到来自朋友、家人和团体的更多内容。随着这些变化的推出，你会看到更少的公共内容，比如来自企业、品牌和媒体的帖子。"

[2] Sascha D. MEINRATH, James W. LOSEY et Victor W. PICKARD, «Digital feudalism: enclosures and erasures from digital rights management to the digital divide», *Advances in Computers*, vol. 81, 2011, p. 237-287.

第二章

数字统治

征服的时代

数字平台通常被描述为虚拟庄园,因此被比作发现了一个郁郁葱葱的新边疆。……用经典的狂野西部术语来说,……租金归开拓者所有,他们将无情地守卫和保护这些领地……所有这一切听起来都非常中世纪,因为现在的情况恰恰与那段历史相呼应。唯一真正的区别在于景观的数字化。另一方面,征收税款的领主性质如出一辙。①

——印迪·乔哈尔(Indy Johar)

这是一种仪式。亚马逊在年度报告中系统地重复了创始人

---

① Indy JOHAR, «The sharing economy will go Medieval on you», *Financial Times*, 21 mai 2015.

杰夫·贝索斯（Jeff Bezos）在 1997 年首次公开募股时致股东的信。确实，无论从项目还是所遵循的战略来看，前后具有值得注意的一致性。贝索斯在该文件中解释说，亚马逊的使命不仅仅是为客户节省时间和金钱："通过个性化，电子商务将加速发现过程本身。"① 通过个性化，即积累个人和语境化数据，亚马逊将自己定位在消费者选择的上游。这是为了预测需求，甚至通过相关建议来激发需求。

当时，亚马逊的核心业务不是销售图书，而是通过语境化改变获取商品的认知条件。弗里德里希·哈耶克将竞争，尤其是市场竞争视为一种"发现程序"②，一种生产知识的手段。贝索斯将亚马逊的系统置于同样的框架中，它实施了一种生产知识的方法，并使用数据来指导市场商品和服务的获取。亚马逊的通用性就在于这种通用的社会经济功能。亚马逊"发展可持续业务，包括在成熟的大型市场发展业务"的最初雄心，建立在一项激进的创新之上——通过大量收集数字数据来指导经济交易。③

亚马逊并非一家将不同业务拼凑在一起的企业集团，这种

---

① AMAZON, *Amazon Annual Report 2017*, 2018, en ligne.
② Friedrich A. von HAYEK, «Competition as a discovery procedure» [1968], trad. Marcellus S. Snow, *The Quarterly Journal of Austrian Economics*, vol. 5, n° 3, 2002, p. 9.
③ 谷歌或优步等其他平台扮演的这种协调角色，引发了一系列关于由算法所构建的定价系统性质的争论，一些人认为，算法所生成的知识类型可以与中央计划系统及其认知极限相媲美。参见：Pip THORNTON et John DANAHER, «On the wisdom of algorithmic markets: governance by algorithmic price», *SSRN*, 2018, en ligne。

组合可能会导致滥用统治地位。相反，它是一家通用型专业公司。这种看似矛盾的描述源于它的专业领域在复杂社会中普遍不可或缺的地位。亚马逊提供经济协调服务——以最优惠的价格提供合适的产品，并在合适的时间、合适的地点提供产品。为了比苏联的国家计划委员会更敏捷、更精确地履行这一职能，亚马逊需要数据，因此需要增长。这种对增长的渴望是数据积累的先决条件，也是贝索斯从一开始就致力于建立长期领导地位的原因：

> 我们相信，衡量我们成功与否的根本标准是我们为股东创造的长期价值。这种价值将是我们扩大和巩固市场领导地位这一能力的直接结果。我们的市场领导力越强，我们的业务模式就越强大。市场领导地位直接转化为更高的收入、更强的盈利能力、更快的资本周转速度，从而带来更高的投资资本回报。[1]

对长期发展的坚持为贝索斯赢得了金融资本主义最激烈批评者之一比尔·拉佐尼克（Bill Lazonick）的赞誉。[2] 拉佐尼克是金融化方面的专家，也是股东价值分配方面的专家。过去二

---

[1] AMAZON, *Amazon Annual Report 2017*, *op. cit.*
[2] William LAZONICK, «Opinion. The secret of Amazon's success», *The New York Times*, 23 November 2018.

十年来,他和他的团队一直在研究公司高管如何以分红和股票回购的形式向金融市场分配利润,而不是将利润再投资于公司发展。他们认为,这种分配利润的偏好是导致经济停滞和不平等加剧的主要原因之一。从这个角度来看,亚马逊并不是一家金融化的公司。它是为数不多的保留利润的美国大公司之一。上市二十年来,亚马逊从未向股东支付过股息。在2012—2017年期间,标准普尔500指数中的公司支付了98%的利润,亚马逊却在以极快的速度投资、创新和扩大业务范围。

作为领土的网络空间

要理解这种投资背后的逻辑和强调保留领导权的重要性,我们可以回到《大宪章》的一个直觉,将网络空间与西方的征服进行类比:

> 网络空间是美国最后的疆域。……必须坚持自由的基本原则,因为我们正在进入新的领域,在那里还没有规则——就像1620年美洲大陆没有规则,1787年美国西北地区没有规则一样。[1]

《大宪章》的作者首先关心在数字网络开辟的人类活动新领

---

[1] Esther DYSON *et al.*, «Cyberspace and the American dream», *loc. cit.*

域与先前存在的政治想象（即个人主义和小农经济）之间建立意识形态的连续性。这就是他们使用"征服"这一隐喻的原因。但很快，这一形象就有了其他含义，首先是战略含义，然后是地质学含义。早在2009年，美军新闻处就解释说：

> 网络行动是美军的另一个战区，国防部必须像对待其他战区一样，对它进行严格的分析并投入同样的资源。[①]

《麻省理工学院技术评论》（MIT Technological Review）在2016年发表的一份报告中认为，数字网络打开了通往"新底土"的通道，其中蕴藏着大量有待开采的资源：

> 从数据生产的角度来看，活动就像等待被发现的土地。谁先到达并控制了它，谁就能获得它所包含的资源——在这里，就是丰富的数据。[②]

这片有待征服的新土地涵盖了一切可以数字化的东西——视频监控的图像、收据历史记录、联网设备（移动电话、联网扬声器、冰箱、烟雾探测器、恒温器、"智能"电表）的使用数

---

① Jim GARAMONE, «Questions abound in cyber theater of operations», *American Forces Press Service*, US Department of Defense, 9 juin 2009.
② MIT TECHNOLOGY REVIEW INSIGHTS et ORACLE, «The rise of data capital», *MIT Technology Review*, 21 mars 2016.

据、数字网络上的交易和互动（在线表格、电子银行服务、社交网络上的帖子）、网页浏览数据、位置数据、内置物体传感器的测量（工业设备上的传感器、公共交通通行证）、电子护照、DNA样本等等。对这些数据富矿区的殖民源于各种技术和法律手段，但所有情况下的共同点都是某种形式的领土占有，它涉及在任何可以提取数据的地方创建标记。这是大数据形成过程中的一种"提取主义"，即捕获数据源。例如，这种提取主义逻辑在安卓操作系统的传播中发挥了作用。谷歌免费将此操作系统提供给手机制造商，以便在市场上占据战略地位，该操作系统可绕过苹果公司的软件生态系统，成为智能手机的默认互联网入口。到2023年，超过70%的智能手机运行安卓系统，谷歌应用程序也将成为使用最广泛的应用程序之一。《政客》(Politico)杂志使用土地的隐喻写道，正是得益于通过操作系统进军移动领域，谷歌才建立了一个"线上庄园帝国"[①]，为这家位于山景城的公司带来了广告收入的增长动力。

趋同

加速主义运动的理论家尼克·斯尼切克（Nick Srnicek）认为，数字平台对数据的强烈渴望是解释它增长的核心，具体而言："并购并不是为了增加某一特定领域的市场力量而进行横向

[①] Mark SCOTT, «What's really at stake in Google's Android antitrust case», *Politico*, 15 juillet 2018.

集中的逻辑结果。"并购并不遵循旨在增加某一特定领域市场力量的横向集中的逻辑。它们也不遵循垂直一体化的逻辑,其目标是直接将诸如电信网络和视听内容制作等互补活动结合起来。平台的发展既不是简单的横向集中,也不是纯粹的纵向整合,而是遵循以征服数据源为指导的扩张策略。这一观察构成了斯尼切克"趋同论"的基础:

> 各个平台正变得越来越相似,并且开始蚕食彼此的市场和数据领域。尽管目前仍存在着种类繁多的平台模式……但出于增加数据挖掘和掌控战略要地的需求,各大公司都对相同类型的业务活动表现出浓厚的兴趣。因此,尽管存在差异,但脸书、谷歌、微软、亚马逊、阿里巴巴、优步和通用电气等公司也成为直接竞争对手。①

换句话说,无论最初的目的是什么,现在征服网络空间的策略都有相同的目标——控制观察和捕获人类活动数据的空间。因此,与人们常说的相反,稀缺性仍是大数据的问题。② 大数据当然可以以极小的成本复制,但原始数据很少。因此,网络空

---

① Nick SRNICEK, *Platform Capitalism. Theory Redux*, Polity Press, Malden, 2017.
② 例如,叶夫根尼·莫罗佐夫写道:"毕竟,数据有一个重要方面与石油截然不同,那就是它并不稀缺。"参见:«Capitalism's new clothes», *The Baffler*, 4 février 2019.

间在有限领土上扩张的逻辑超越了部门划分。因此,这些平台也具有通用的倾向,亚马逊在年度报告中列出的令人眼花缭乱的竞争对手名单就说明了这一点:

> 我们经营多种产品类型、服务和交付渠道。……我们当前和潜在的竞争对手包括:(1)我们向消费者和企业提供和销售产品的线上、线下及多渠道零售商、出版商、销售商、分销商、制造商和生产商;(2)所有类型和所有分销渠道的实体、数字及互动媒体的出版商、生产商和分销商;(3)网络搜索引擎、网络比价平台、社交网络、门户网站……;(4)提供电子商务服务的公司,包括网站开发、广告、订单履约、客户服务和支付处理;(5)为自己或第三方提供线上或线下履约和物流服务的公司;(6)提供信息技术产品或服务的公司,包括本地或云上的基础设施和其他服务;(7)设计、制造、推广或销售消费电子产品、电信设备和电子设备的公司。[①]

语境为王

20世纪90年代末,网络仍然是商业领域的边缘地带。1997年,网上购物的零售额仅为15亿美元,不到2 500亿美元总量

---

① AMAZON, *Amazon Annual Report 2017*, *op. cit.*

的百分之一，可谓是沧海一粟。[1] 同年，网络广告支出也仅为5.5亿美元。尽管增长迅速，次年就达到20亿美元，但与美国约2 850亿美元的广告总支出相比，仍然微不足道。[2] 彼时，互联网上的商业活动还非常有限，商业模式也高度不确定。公司在线销售的初步反馈令人失望，许多营销主管对此持怀疑态度。

1998年，消费品（卫生和美容产品）巨头宝洁公司花费30亿美元促销它的产品。同年8月，宝洁邀请数百名市场营销和互联网专业人士（包括竞争对手）来到其位于俄亥俄州辛辛那提市的总部，参加题为"未来广告利益相关者峰会"的会议。[3] 这种活动极不寻常，召开的原因是对新兴网络广告业面临的困难感到沮丧。其中一些问题是技术性的——带宽太小、规范和标准不统一、受众衡量不可靠。但另一个主要问题是消费者对网络广告的接受程度，特别是隐私权问题。辛辛那提峰会帮助确定了网络"商业化"需要克服的战略障碍——消费者接受将个人数据用于商业目的。

1999年，两位营销学教授唐娜·霍夫曼（Donna Hoffman）

---

[1] Pradeep K. KORGAONKAR et Lori D. WOLIN, «A multivariate analysis of Web usage», *Journal of Advertising Research*, vol. 39, n° 2, 1999, p. 53.

[2] Brian KAHIN et Hal R. VARIAN, «Introduction», *in* Brian Kahin et Hal R. Varian (dir.), *Internet Publishing and Beyond. The Economics of Digital Information and Intellectual Property*, MIT Press, Cambridge, 2000.

[3] Kate MADDOX, «P&G: interactive marketer of the year», *AdAge*, en ligne; Stuart ELLIOTT, «Procter & Gamble calls Internet marketing executives to Cincinnati for a summit meeting», *The New York Times*, 19 août 1998.

第二章 数字统治

和托马斯·诺瓦克（Thomas Novak）发表了一篇题为《万维网广告定价模型》（Advertising pricing models for the World Wide Web）的文章。[1] 他们将广告资助的网站分为两类：一类是内容由赞助商提供的网站，比如 CNN；另一类是引导网民上网的门户网站，比如雅虎、网景和 Excite。这些网站的出版商面临的挑战是创建一个广告市场——形式、受众、效果……一切都还很不稳定，但已经出现了两种定价模式。

第一种做法在当时最为普遍，它以浏览量为基础，遵循与传统媒体类似的受众逻辑。它只是计算访问页面的网民数量。但考虑到网络提供的可能性，坚持使用这种衡量技术并不令人满意。放置在普通网站主页上的横幅广告的价值，不应与直接呼应狭义目标搜索内容的横幅广告的价值相提并论。在互联网上，"语境为王，而不是内容为王"[2]。

第二个衡量指标是点击率，它能衡量广告在不同语境下的

---

[1] 这篇文章发表于标题晦涩的《互联网出版及其未来》（Internet Publishing and Beyond）上，该书编者布莱恩·卡欣（Brain Kahin）是哈佛大学信息基础设施项目（1989—1997 年）的创始主任，此后担任过与信息经济学相关的一些职位，尤其是曾为美国政府和经合组织效力。另一位编者是哈尔·R. 瓦里安（Hal R. Varian），当时他是加州大学伯克利分校信息管理和信息系统学院的院长，他于 2002 年加入谷歌担任顾问，之后担任首席经济学家。这本书汇集了最初于 1997 年在哈佛大学举行的一次会议所发表的论文，《大宪章》的合著者之一埃斯特·戴森也出席了这次会议。因此，这是一本处于两个世界——数字资本主义的梦想及其实现——的十字路口的书。参见：Donna L. HOFFMAN et Thomas P. NOVAK, «Advertising pricing models for the World Wide Web», in Brian KAHIN et Hal R. VARIAN (dir.), *Internet Publishing and Beyond*, *op. cit.*。

[2] Brian KAHIN et Hal R. VARIAN, «Introduction», in Brian KAHIN et Hal R. VARIAN (dir.), *Internet Publishing and Beyond*, *op. cit.*, p. 2.

差异化效果。宝洁公司再次走在了前列。早在1996年,该公司就要求只为网民的点击付费,而不是为横幅广告的原始浏览付费(当时是雅虎搜索引擎)。简单、直接的按点击付费广告位被广泛采用。广告商关心的是潜在客户对它们信息的反应,或者准确地说,"在互联网上,媒体第一次可以衡量消费者的反应,而不仅仅是假设"[1]。点击率成为衡量反应的可衡量标准。

横幅或点击,这两种方法反映了出版商和广告商的不同立场。前者出让部分出版空间,并期望按比例获得报酬;后者则对互联网用户朝预期方向的实际移动感兴趣。21世纪初,这种差异导致了一种综合衡量标准——预期点击率,即估计特定广告足迹将获得的点击次数。正是基于这一预期点击率,并辅以信息质量的营销指标,各大搜索引擎才在竞拍系统中将网络广告空间分配给出价最高者。[2]

诚然,点击量并不是一个完美的指标。它并不直接意味着与品牌的互动,更不用说实际购买了。然而,它却是基于互动性的创造和衡量的新营销概念的起点。点击标志着互联网用户的移动,从他或她有意到达的网站移动到广告商试图吸引他或她的地方。这是对广告信息的直接回应,可以精确衡量。营销视角的这一变化预示着一场剧烈的动荡,霍夫曼和诺瓦克早在

---

[1] Brian KAHIN et Hal R. VARIAN, «Introduction», in Brian KAHIN et Hal R. VARIAN (dir.), *Internet Publishing and Beyond*, op. cit., p. 53.

[2] Hal R. VARIAN, «Computer mediated transactions», in Brian KAHIN et Hal R. VARIAN (dir.), *Internet Publishing and Beyond*, op. cit., p. 4.

1999年就敏锐地察觉到了这一点。他们解释说，网络广告的前景在于对客户、信息和产品之间互动的全方位把握：

> 为了准确捕捉曝光和互动性对消费者反应的影响，有必要制定一套空间和时间综合反应的衡量方法。例如，曝光度和互动性指标的形式可以是在线店面的购买行为、态度变化以及要求提供进一步信息的访问者数量。然而，要获得这些指标，必须做到以下几点：（1）识别访客；（2）整合营销活动中涉及的每个网站的多站点数据。在获得这些数据之前，很难衡量结果。
>
> 除上述参数外，还应考虑其他行为和心理衡量方法，以明确网络广告的效果，其中包括相关网站和一般网络的浏览历史；访问者的人口、心理和行为特征……；认知和态度测量，包括流量；访问者的忠诚度和访问频率。预计未来的定价模式将以前所未有的方式纳入这些衡量标准。[1]

这些新兴广告制度所需的数据提出了复杂的伦理和政治问题，作者对此有充分的认识。一方面，侵入私人生活的可能性相当大：

> 网络化和分布式计算环境（如互联网）为侵犯隐私提

---

[1] Brian KAHIN et Hal R. VARIAN, «Introduction», in Brian KAHIN et Hal R. VARIAN (dir.), *Internet Publishing and Beyond*, *op. cit.*, p. 56.

供了前所未有的机会。与物理世界相比,有关个人的信息更容易访问,也更容易组合和整合。

另一方面,消费者对这些入侵的警告与公司的期望直接矛盾:

> 一方面,团队需要获得有关个人消费者的准确信息,以便能够开发有针对性的设备;另一方面,消费者具有隐私保护权。①

鉴于消费者权利和隐私保护"可能导致公共机构进行干预,以规范在线商业",这些问题更加敏感。②

这时甚至还没有进入新千年,跟踪和聚合技术仍处于萌芽阶段,但营销理论家们已经掌握了核心政治问题的坐标——网络商业化需要一种详尽的监控制度,而这种制度在政治上的可持续性并不确定。

算法治理和监控资本主义

有人在看着我们,我们也意识到正在被他们凝视,但这是完全不同步的,我们根本无法与他们对视,因为有一种先验

---

① Brian KAHIN et Hal R. VARIAN, «Introduction», in Brian KAHIN et Hal R. VARIAN (dir.), *Internet Publishing and Beyond*, op. cit., p. 56.
② Donna L. HOFFMAN et Thomas P. NOVAK, «Advertising pricing models for the World Wide Web», loc. cit., p. 56.

的……和绝对的不对称，一种绝对无法控制的不平衡。时序倒错是这里的法则。我们感到自己被一种永远无法对视的目光凝视着，这就是"面甲效应"。[①]

——雅克·德里达（Jacques Derrida）

大数据有三个主要特点：持续生成；它的目标是同时做到详尽和细化；灵活生成，因此可以随时添加新的数据源。[②] 换句话说，大数据聚合了来自不同领域的信息，这些信息事先不一定相互关联。这些异构数据以不可知论的方式进行处理，即揭示其中的关系，却不解释它们。大数据的这些特性助长了一种天真的经验主义认识论，认为这种新的知识体系将通过纯粹的自动归纳法进行——数据将提供真相，而无须经过理论的干扰。但事实并非如此。[③] 它们所表达的观点必然是片面的，只有与先前构成的知识联系起来才有意义。它们并非纯洁无害。它们包含着理论，具体体现在组织它们的算法中，要知道，对规律性的探索以构建假设为前提。

大数据还带有社会偏见和统治关系。人工智能程序不仅反

[①] Jacques DERRIDA, *Spectres de Marx*, Galilée, Paris, 1993, p. 27.

[②] Rob KITCHIN, «Big Data, new epistemologies and paradigm shifts», *Big Data & Society*, vol. 1, n° 1, 2014.

[③] Rob KITCHIN, «Big Data, new epistemologies and paradigm shifts», *Big Data & Society*, vol. 1, n° 1, 2014, p. 4-5; Jean-Christophe PLANTIN et Federica RUSSO, «D'abord les données, ensuite la méthode? Big Data et déterminisme en sciences sociales», *Socio. La nouvelle revue des sciences sociales*, n° 6, 2016, p. 97-115.

映了制度和权力关系中的种族或性别不平等,而且有助于放大这些不平等。① 它们包含的偏见反过来又被纳入其他算法结果中。例如,有研究表明,语言分析程序"单词嵌套"(Word Embedding)会将具有欧美含义的名字归类为好听的名字,而将非洲裔美国人的名字归类为难听的名字。另一个例子是,由于训练自动驾驶汽车识别行人的算法的数据库主要由浅色皮肤的人组成,机器系统检测深色皮肤行人的能力较差,因此碰撞风险较大。这些偏差在日常生活中的负面影响被称为"预测性不公正"。②

大数据不是中立的。即使它们兜售的偏见和成见能够得到纠正,人们的担忧也不会减轻。安托瓦内特·鲁夫罗伊(Antoinette Rouvroy)和托马斯·伯恩斯(Thomas Berns)提出了"算法治理"的概念,它指"某种类型的规范性或政治理性,其基础是通过建模的方式收集、聚合和自动分析大量数据,提前预测并影响可能的行为"③。这种形式的治理绕过了人类主体并剥夺了他们的反身性。他们总结说,算法治理的目的是在"没有形成或提

---

① Safiya Umoja NOBLE, *Algorithms of Oppression: How Search Engines Reinforce Racism*, New York University Press, New York, 2018; James ZOU et Londa SCHIEBINGER, «AI can be sexist and racist—it's time to make it fair», nature.com, 18 juillet 2018.

② Benjamin WILSON, Judy HOFFMAN et Jamie MORGENSTERN, «Predictive inequity in object detection», arXiv preprint, 2019.

③ Antoinette ROUVROY et Thomas BERNS, «Gouvernementalité algorithmique et perspectives d'émancipation. Le disparate comme condition d'individuation par la relation?», *Réseaux*, vol. 177, n° 1, 2013, p. 173.

第二章 数字统治

出欲望的情况下产生行动"①。个人被绝对化,陷入了多重决定的复杂性中,个人也被拆解了,被简化为一系列将他们限制在概率可能性中的措施。就像让-吕克·戈达尔(Jean-Luc Godard)想象的未来城市阿尔法城(Alphaville)一样,由算法统治的社会开始类似于"像白蚁或蚂蚁那样的技术社会",在那里,"人们已经成为概率的奴隶"。②

试图将存在归结为概率,有可能剥夺个人和社会对未来的控制权。被剥夺了挑战概率的能力,换句话说就是挑战现实的能力,主体就失去了所有的力量。这种"去现实化"的风险绝非不可避免,但在"数字时代"的影响下,这种风险正在不断增加。

大他者守护着一个无法逃脱的世界

公司对大数据的利用是被肖莎娜·祖博夫(Shoshana Zuboff)称为"监控资本主义"的社会项目的一部分。③ 该系统赖以生存的盈利战略包括预测和修改人类行为,以创造收入和控制市场。因此,监控资本主义需要单方面详尽了解人类经验,

---

① Antoinette ROUVROY et Thomas BERNS, «Gouvernementalité algorithmique et perspectives d'émancipation. Le disparate comme condition d'individuation par la relation?», *Réseaux*, vol. 177, n° 1, 2013, p. 177.

② Jean-Luc GODARD, *Alphaville*, 1965.

③ Shoshana ZUBOFF, «Big Other: surveillance capitalism and the prospects of an information civilization», *Journal of Information Technology*, vol. 30, n° 1, 2015, p. 75; Shoshana ZUBOFF, *The Age of Surveillance Capitalism. The Fight for the Future at the New Frontier of Power*, Public Affairs Books, New York, 2019.

并将它转化为预测性的行为数据。在大数据的指导下，建议和解决办法提高了行为的可预测性，从而达到市场定位的目的。但监控资本主义并未就此止步。祖博夫表示，行为控制是追求更准确预测的领域。

这个"大他者"（Big Other）吸收了我们提供给它的所有数据，比我们更了解我们自己。从我们的通信细节，到我们卧室里的动静，再到我们的消费清单，它无所不包。通过大规模的在线实验，它学会了指导我们的行动，并最终体现出一种新的极权主义。20世纪的极权主义通过暴力来运作，而这种被祖博夫称为"工具主义"的新权力则是通过改变行为来运作。

虽然哈耶克和凯恩斯在几乎所有问题上都针锋相对，但他们都坚信经济学从根本上说是一个信息和知识的问题。这促使凯恩斯强调根本的不确定性及其对经济参与者心理的影响。在他看来，经济政策必须考虑到经济行为的这一心理层面，并能够通过有力的干预，抵消消极情绪转化为自我实现预期的抑郁螺旋。相反，在哈耶克看来，知识的内在分散性与公共干预互不相容。只有市场才能调动本质上无法获取的知识，因为它们是隐性的和情境性的。因此，任何对竞争态势的破坏都只会降低社会层面认知过程的质量，从而导致经济决策失误。[①]

---

① Philip MIROWSKI et Edward M. NIK-KHAH, *The Knowledge We Have Lost in Information: The History of Information in Modern Economics*, Oxford University Press, New York, 2017.

第二章 数字统治

新积累逻辑的本质是对哈耶克和凯恩斯关注点的颠覆。核心不再是不确定性或不可知性,而是可预测性。祖博夫将监视资本家的战略视为一场"提高确定性程度的竞赛",在这场竞赛中,他们别无选择,只能加强对社会活动的控制。亚马逊、谷歌和脸书正以各自的方式加强监控扩张与价值创造之间的重要联系。

亚马逊与推荐逻辑。亚马逊成功的秘诀之一在于它的推荐系统及其在销售环境个性化方面的优势:

> 亚马逊网站为每位客户量身打造了一家商店。每个来到亚马逊网站的人看到的网站都不一样,因为网站是根据他们的兴趣个性化设计的。这就好比你走进一家商店,货架开始重新排列,你想买的东西被突出显示,反之,你不可能感兴趣的东西则被排在后面。亚马逊网站的推荐系统会根据当前语境和你过去的行为,选择你或许感兴趣的少量商品。[1]

这种个性化体验来自协同过滤算法,这种算法借鉴了其他用户的经验。不过,亚马逊发明的系统并不是将客户与其他具有相似特征的客户进行匹配,而是以物品为基础进行组织。用

---

[1] Brent SMITH et Greg LINDEN, «Two decades of recommender systems at Amazon.com», *IEEE Internet Computing*, vol. 21, n° 3, 2017, p. 12.

户购买和评估的每件物品都与相似物品相关联，然后这些物品根据接近程度被组合在一个推荐列表中。[①] 该列表通过各种指标进行完善。例如，它包括一个时间维度，以便系统整合某些购买的顺序逻辑（如文学系列的连续卷本）或个人的社会生物学轨迹（年龄增长、与孩子出生相关的周期等）。这种技术的一个主要优点在于，大部分计算都离线进行，因此系统功能强大，运行速度快。该系统非常有效。点击率和购买转化率都非常高。据说，亚马逊上约有 30％ 的页面浏览量是通过它产生的。网飞也采用了同样的流程，80％ 的视频观看都要经过这一中介，这使其成为公司估值的关键因素之一。[②] 因此，推荐与行动之间的关系循环往复。目标定位的质量取决于推荐的质量；反之，推荐做法通过参与者的行动得到验证，从而为未来推荐的循环提供信息。

谷歌与语境优先级。 Alphabet 是谷歌的母公司，它主要是一家广告公司。2017 年，广告创造了该公司收入的 87％，该公司控制了全球在线广告市场 33％ 的份额（总额 2 240 亿美元中的 740 亿美元），在美国控制了 42％ 的份额。让谷歌发家致富的广告空间销售系统基于两个因素，这两个因素的力量结合在一起。

[①] Greg LINDEN, Brent SMITH et Jeremy YORK, «Amazon. com recommendations: Item-to-item collaborative filtering», *IEEE Internet Computing*, vol. 1, n°1, 2003, p. 76-80.

[②] Brent SMITH et Greg LINDEN, «Two decades of recommender systems at Amazon. com», *loc. cit.*, p. 14.

第一个决定性因素是搜索引擎的性能。谢尔盖·布林（Sergey Brin）和劳伦斯·佩奇（Lawrence Page）发明的排名系统基于网络超文本链接的架构。[①] 第一代搜索引擎主要以关键词分析为基础，与之不同的是，谷歌的原型既考虑了指向页面的链接数量和包含这些链接的页面的相对重要性，也考虑了其他因素，如链接文本、请求位置和视觉特征（如字体大小）。这一新搜索引擎的成功源于分层原则的强大功能，它能够提供最相关的结果，即不仅能够摒弃不良结果（垃圾），还能识别那些从搜索制定者的角度来看只具有适度兴趣的结果。正是在这一功能的基础上，谷歌取得了经济上的成功。

第二个决定性因素是广告与浏览语境的相关性。这样才能在最坏的情况下限制广告对浏览体验的破坏，在最好的情况下确保网络用户对广告有积极的看法。广告定位的精细程度取决于对关键字、浏览历史和谷歌生态系统中收集的大量其他数据的分析。这些丰富的语境信息实现了极为精确的定位，从而提高了广告引发点击的可能性。最大限度地提高广告商所追求的行为效果，可以增加广告空间的价值。

2010年代，Alphabet实现了多元化，扩大了它在网络安全（Chronicle）、人工智能（Deepmind）、智能家居（Nest的恒温

[①] Sergey BRIN et Lawrence PAGE, «The anatomy of a large-scale hypertextual Web search engine», *Computer Networks and ISDN Systems*, vol. 30, n° 1-7, 1998, p. 107-117.

器、摄像头、传感器、报警器和可视门铃）和自动驾驶汽车（Waymo）领域的活动。2018年，当Waymo这家子公司在亚利桑那州的道路上推出第一辆机器人出租车时，其估计价值（在700亿~2 500亿美元之间）有可能超过大众（750亿美元）和丰田（1 930亿美元）等最大的汽车制造商。Waymo的盈利策略不是制造更好的汽车，而是将汽车作为一个生活空间、一个移动空间来控制，进而成为一个"数据井架"。《金融时报》（*Financial Times*）上瑞银（UBS）的一份报告详细解释了这一点：

> Waymo的威胁不在于制造更好的汽车。该公司并不需要。恰恰相反，它从克莱斯勒和捷豹（沦为供应商）那里订购汽车，然后为它们配备内部制造的自动驾驶软件和硬件。但它的潜力远不止于卓越的自动驾驶能力。一旦机器人出租车成为主流，Alphabet就能从谷歌地图和搜索中收集数据，通过YouTube和Play Store为乘客提供娱乐，通过谷歌智能扬声器提供建议，并利用它的软件能力管理车队。瑞银解释说，除了车辆本身，Waymo还是一个垂直整合的"封闭系统"。蒂尔先生（Mr. Thill）补充说，机器人出租车的利害关系"将影响广告、媒体和娱乐行业"。重要的不仅是自动驾驶技术，还有谷歌为汽车带来的所有组件。这些都很重要。这也是该公司在客厅设备上投入巨资的原

第二章　数字统治

因——它希望汽车看起来像你的客厅。[1]

数据收集、整合和处理指导着谷歌的扩张，目的始终是根据个人和语境提供最相关的产品。公司创始人兼首席执行官劳伦斯·佩奇说："谷歌的问题在于，你必须向它提出问题。它应该知道你想要什么，甚至在你提出要求之前就告诉你。"[2] 因此，锁定目标是为了预测行为，更是为了引导行为。

脸书与广泛的软件整合。语境化的原则在不断完善。它倾向于整合每个人在活动中留下的所有数字痕迹，包括与他们的社交网络、行动、购买历史有关的数据，以及他们的个人信息（甚至是隐私信息）、行政信息、财务信息和职业信息。事实表明，脸书直接从某些移动应用程序中获取数据，而用户并不知情。比如一款名为 Breethe 的冥想程序和另一款名为即时心率检测（Instant Heart Rate）的程序，后者被吹捧为"第一款最快、最准确的便携式心率监测器"。再如一款名为 Flo 的应用程序，它记录三十多种症状和活动，以便"通过人工智能生成有关月经周期和排卵期的最准确预测"，并承诺"通过检测反复出现的身体和情绪模式更好地了解你的身体"。在以上种种例子中，有关冥想、心率或排卵期的信息都会被传送到脸书。

---

[1] Patrick MCGEE, «Robotaxis: can automakers catch up with Google in driverless cars?», *Financial Times*, 31 janvier 2019.

[2] Hal R. VARIAN, «Beyond Big Data», *Business Economics*, vol. 49, n° 1, 2014, p. 28.

收集的数据来自内置应用程序或网站中的小程序，被称为软件开发工具包（SDK）。软件开发工具包通过以下先进的功能使公司得以增强：它们向分析平台传输数据，例如会话数量和持续时间、位置、使用的终端类型，以及用户在应用程序中输入的信息，这让公司能够更好地了解用户行为并向他们投放更具针对性的广告。

脸书分析（Facebook Analytics）提供"以人为本的全方位渠道分析"①。借助"从二十亿人的社区中收集的统计数据"，脸书分析承诺，帮助企业家深入了解人们在网站、应用程序、脸书页面等渠道与企业家的业务互动的方式和位置。该观点契合了非规模化的论点②，小规模运营可以与大数据的力量相结合。这家大型公司正在提供复杂的信息技术服务，而这类服务对于中型公司来说通常难以独立提供。

通过软件开发工具包，社交网络可以访问其他个人数据源，并将这些数据与它已有的用户数据链接起来，从而强化对个人存在的了解。这使得社交网络能够进行复杂的市场研究，为算法过程提供数据，以便精细地选择要在用户个人页面上显示的内容，当然，也可以兜售越来越有针对性的广告。《华尔街日报》（*Wall Street Journal*）调查了软件开发工具包，报道称，

---

① FACEBOOK, «Facebook Analytics: drive growth to Web, mobile & more», février 2019, en ligne.

② Hemant TANEJA, *Unscaled: How AI and New Generation of Upstarts Are Creating the Economy of the Future*, Public Affairs Books, New York, 2018.

第二章　数字统治

这些移动应用程序数据对脸书的利润至关重要：

> 脸书积累了有关用户行为的知识，该公司可以为营销人员提供比大多数其他公司更好的投资回报。例如，当营销人员想针对喜欢运动的用户或正在购买新跑车的用户投放广告时，这些广告的每次点击价格会更高。这就是脸书收入增长的原因。①

在这场提取相关信息的资源竞赛中，网络巨头们对自己收集的数据或从合作伙伴那里获得的数据严加防范。但它们也求助于专门编译文件的代理商来补充它们的数据：

> 甲骨文拥有或合作的数据代理商有八十多家，它们提供了海量的数据……包括消费者购买行为、金融交易、社交媒体行为和人口统计信息。该公司声称出售全球三亿多人的数据，每个人拥有三万条数据，"美国80％以上的互联网人口都在你的指尖"。②

知悉每个人都有三万个属性，再加上错综复杂的跟踪设备，

---

① Sam SCHESCHNER et Mark SECADA, «You give apps sensitive personal information. Then they tell Facebook», *Wall Street Journal*, 22 février 2019.
② Madhumita MURGIA et Aliya RAM, «Data brokers: regulators try to rein in the "privacy deathstars"», *Financial Times*, 8 janvier 2019.

我们可以对每个人都了如指掌。这种通过系统化探索数据而获得的信息优势构成了祖博夫所说的"行为剩余",这是一种整体知识,它为控制这种知识的组织提供了一个居高临下的位置,使它只根据自己设定的目标来调动这种知识。这样,与用户相关的信息只有在符合价值要求的情况下才会被披露。

祖博夫论点的新颖之处和优势在于,它指出了这一动力将把我们引向何方。监控资本主义的目标不是提高行为的可预测性,而是控制行为。这可以通过微妙的激励措施来实现,比如《宝可梦GO》(*Pokémon GO*)这款游戏,它的商业模式的理念是向商家收取费用,引导人群前往对商家更有利的目的地。这还表明,它可以更具侵入性,例如远程扣押逾期偿还贷款或逾期支付保险费的人的联网车辆。远程信息处理技术、远程计算机化管理程序都有一个明确的目标:

> 远程信息处理不仅关乎"了解",还关乎"做到"……。它承诺通过旨在改变行为以实现最大盈利能力的机器流程来降低风险。行为剩余被用来触发制裁,例如实时票价上涨、经济处罚、宵禁和发动机堵塞,也被用来触发奖励,例如票价折扣、优惠券和奖赏以换取未来的福利。①

---

① Shoshana ZUBOFF, *The Age of Surveillance Capitalism*, op. cit., p. 216.

在祖博夫看来，监控资本主义的公司正在建立一个大他者的基础设施，它从我们的社会经验中汲取无限的资源，对这些资源进行重新安排，并以行为指令的形式返还给我们，从而从根本上削弱了我们的自主性。这个大他者是雅克·德里达意义上的"幽灵"。面对大他者时，有彻底的不对称性。它拥有"权力的最高徽章——看到他人而不被看见"，作为个体的我们则陷入了"'面甲效应'——我们看不到谁在看着我们"。[1] 然而，与大多数幽灵不同的是，大他者不只是存在于我们的生活中，它还玩弄我们的生活。它通过推荐、建议和义务来塑造我们的生活，对我们的行为产生深远影响，从而激活自己的力量。祖博夫向我们表明，监控资本主义的繁荣是以牺牲个人自治的完整性为代价的，它直击人类生存条件的核心。

谁控制实验者？

大他者拥有"没有血肉的身体，这个身体是无形的，但是可以感知到"。它难以捉摸，却无处不在。它是"一种自相矛盾的结合，是生成的身体，是精神的某种感觉得到的、肉体的形式"。[2] 但这究竟是一种什么样的精神？它如何产生？它的力量从何而来？这些问题的初步答案可以从大数据的知识类型中找到，更具体地说，可以从随机对照实验的作用中找到。

---

[1] Jacques DERRIDA, *Spectres de Marx*, op. cit., p. 29.
[2] Jacques DERRIDA, *Spectres de Marx*, op. cit., p. 25.

作为实验室的互联网。 随机对照实验由三个要素组成。[①] 首先是实验本身，也就是我们要测试效果的干预方法。其次是对照，这是指有一个比较点。最后是随机化，目的是通过调动偶然性的统计特性来提高对照的质量。

这个系统有着悠久的历史，处于多个学科的交叉点。虽然这种方法可以追溯到19世纪，但它在20世纪20年代才首次被正式确定下来。遗传学家兼农学家罗纳德·费舍尔（Ronald Fischer）在尝试评估一种肥料对燕麦地块的效果时，提出了随机决定对哪些地块施肥、对哪些地块不施肥的想法。他在1926年发表的一篇文章中详细解释了他的方法，这使他作为这种实验方法的第一位理论家在科学史上占有一席之地。第二次世界大战后，这种方法得到广泛应用和标准化，特别是在医学临床试验中。在美国和加拿大，这种方法也被广泛用于评估公共政策，特别是在就业领域。最后，在21世纪初，麻省理工学院的埃斯特·杜弗洛（Esther Duflo）和贾米尔贫困行动实验室（JPAL）在发展经济学领域重新利用了这些方法。[②]

鲜为人知的是，这类实验目前正在网络上以前所未有的规模

[①] 关于这些实践的谱系及其在经济学中的应用，参见：Arthur JATTEAU, «Faire preuve par le chiffre? Le cas des expérimentations aléatoires en économie», Université Paris-Saclay, 2017。

[②] 关于批判性的观点，参见：Agnès LABROUSSE, « Nouvelle économie du développement et essais cliniques randomisés: une mise en perspective d'un outil de preuve et de gouvernement», *Revue de la régulation*, n° 7, 2010; Cédric DURAND et Charlotte NORDMANN, «Misère de l'économie du développement», *La Revue des livres*, n° 1, 2011。

进行。罗恩·科哈维（Ron Kohavi）和罗杰·朗博瑟姆（Roger Longbotham）两位专门从事此类实验的微软研究人员揭示，我们经常被当作实验的小白鼠，但我们对这些实验一无所知：

> 随着互联网的发展，在线对照实验从20世纪90年代末开始使用。如今，许多大型网站，包括亚马逊、必应（Bing）、脸书、谷歌、领英（LinkedIn）和雅虎每年都会进行成千上万次实验，以测试用户界面的变化、算法（搜索、广告、个性化、推荐等）的改进、应用程序的变更、内容管理系统等。如今，在线实验被视作不可或缺的工具，并且在初创企业和小型网站中的使用日益增多。[1]

这种大规模应用的原因很简单，联网对象的激增使得大规模评估不同设备对个人行为的影响成为可能。与其他数据挖掘技术不同的是，这种技术的目的不是简单地显示自发的统计规律，而是以极高的概率建立可控的相关性。

实验者通常是经济学家[2]，他们可以探索以下假设："如果引入特定的变化，是否会改善关键指标？"通常，实验可能稍微

---

[1] Ron KOHAVI et Roger LONGBOTHAM, «Online controlled experiments and A/B testing», in Claude SAMMUT et Geoffrey I. WEBB (dir.), *Encyclopedia of Machine Learning and Data Mining*, Springer, Boston, 2017, p. 922.

[2] Susan ATHEY et Michael LUCA, «Economists (and economics) in tech companies», *NBER Working Paper*, n° 19-027, 2018, p. 7.

修改搜索引擎上广告的边缘形状，然后将标准视图和修改后的视图随机分发给用户，以观察用户行为的变化。例如，在微软搜索引擎必应上进行的一项测试中，在广告横幅中添加内部链接，或改变字体的大小，甚至改变页面上的广告数量。引入的差异往往很小，但它们可能产生价值数百万美元的影响。

困难之一在于定义适当的指标来衡量所需的效果，这是一种被专家称为总体评估标准（Overall Evaluation Criterion）的综合指标。例如，点击率的提升可能是一个误导性的利好信号，因为该提升实际上伴随着网站流量的下降。因此，有必要找到一种令人满意的方法来捕获这两个方面，并确保结果的可靠性，特别是排除软件机器人的活动产生的错误信号。然而，一旦这些困难得到充分考虑，实验就变得非常可靠。

谷歌首席经济学家哈尔·瓦里安（Hal Varian）认为，随机实验"是因果关系的黄金标准。如果你真的想了解因果关系，就必须做实验。如果你不断地做实验，你就能改进你的系统"[1]。从技术上讲，瓦里安错了。测试本身并不能解释因果关系，即它们只能告诉我们相关性在统计学上的稳健性，但并不能说明造成相关性的原因。例如，可以确定的是，改变广告的颜色会提高点击率。但为什么会存在这种联系？是什么文化、社会或生物机制在起作用？我们不得而知。唯一能证明的就是这种联

---

[1] Hal R. VARIAN, «Beyond Big Data», *loc. cit.*, p. 29.

系。不过，从工具主义的角度来看，这已经足够了。这些相关性为建立有利可图的系统提供了充分的基础。

最初仅限于大公司的"测试和学习"方法正变成数字环境中创新周期的规范，平台为第三方公司提供了自己进行在线测试的工具。我们需要担心这些新方法吗？在2012年1月11日至18日的一周时间内，脸书进行了一项实验，并引发了争议。该实验旨在探索社交网络环境下是否存在情绪传播现象，这是社会心理学中也研究过的话题。[1] 结果与假设相符。那些接收到正面内容减少的新闻推送的人在状态更新中使用负面词语的比例较高，而使用正面词语的比例较低。相反，那些接收到负面内容减少的新闻推送的人呈现相反的变化。尽管测量到的影响非常微小（变化约为0.1%），但这仍然表明每天表达的数十万种情绪可以通过这种过滤过程而改变。研究还表明，减少带有积极或消极情感内容的消息数量会减少一个人随后在社交网络上产生的单词数量。换句话说，脸书可以通过某种方式影响个人的参与度。对于偏爱情感丰富内容的用户来说，这通常会增加内容的产量，这意味着选择内容以提高用户的参与度符合公司的利益。因此，这项研究建立了情绪操纵能力和社交网络参与度之间的联系，进而建立了脸书的盈利能力。

---

[1] Adam D. I. KRAMER, Jamie E. GUILLORY et Jeffrey T. HANCOCK, «Experimental evidence of massive-scale emotional contagion through social networks», *Proceedings of the National Academy of Sciences*, vol. 111, n° 24, 2014, p. 1-3.

这项实验引发了一波反对浪潮，因为个人可能在没有明确同意参与实验的情况下受到影响。[1] 然而，与科学机构不同的是，公司在实验方面并不遵守成文的道德标准。与其他互联网公司一样，脸书的数据使用政策包含在服务条款中，但我们大多数人都没有阅读就点击同意了这些条款，例如：

> 我们使用获得的信息来开发、测试和改进我们的产品，包括进行调查和研究，以及测试新产品和功能并排除故障。[2]

这种含糊其词的提醒给了这家公司可乘之机。但这只是冰山一角，大部分都受到商业机密的保护。这些在互联网上进行的大规模实验操作是数字应用研究团队的日常工作，甚至是它们创新的主要手段。在大多数情况下，公司并不会公布它们进行实验的协议和结果，因为这些都是建立竞争优势的决定性因素。

当机器进行实验时。 随着人工智能机器学习的发展，在线实验的挑战只会越来越大。2015 年 10 月 Alphabet 旗下 DeepMind 公司开发的 AlphaGo 程序首次战胜了职业围棋选手、全欧洲冠军

---

[1] Robinson MEYER, «Everything we know about Facebook's secret mood manipulation experiment», *The Atlantic*, 28 juin 2014.

[2] FACEBOOK, «Politique d'utilisation des données», en ligne.

樊麾（Fan Hui）。2016年3月，该程序再次战胜了一位世界顶尖棋手、韩国棋手李世石。在此之前，围棋被认为是人工智能程序最难掌握的棋类之一。计算机的胜利并不仅仅归功于更强的计算能力。它不会计算每一步棋的后果，而是通过积累经验来学习什么样的棋步能带来最好的结果。[1] 除了研究大量棋局外，计算机还通过与自己对弈来学习选择最佳棋步。它在自己身上做实验。

这种"强化学习"的方法是人工智能领域的一项成熟技术，应用领域十分广泛，包括机器人、计算机视觉和游戏，以及金融、教育、交通、能源网络和健康等。[2] 机器对人类进行实验，目的是最大限度地获得非直接结果。与围棋比赛一样，计算机也在测试棋步和探索未知的策略。不同之处在于，这里的机器不是在与自己对弈。它测试对人类施加安排的有效性，目的是促使人类表现出研究赞助者希望促进的行为。例如，有一项实验旨在鼓励2型糖尿病患者参加体育锻炼。[3] 机器被允许学习如何个性化地向参与者发送信息，尤其被允许调整信息的内容和信息发送的频率，无论该内容是积极的还是消极的，也无论是否包含社交元素。随着时间的推移，程序会根据每个人对所发

---

[1] David SILVER et al., «Mastering the game of Go with deep neural networks and tree search», *Nature*, vol. 529, n° 7587, 2016, p. 484-489.

[2] Yuxi LI, «Deep reinforcement learning», arXiv. org, 15 octobre 2018, en ligne.

[3] Irit HOCHBERG et al., «Encouraging physical activity in patients with diabetes through automatic personalized feedback *via* reinforcement learning improves glycemic control: table 1», *Diabetes Care*, vol. 39, n° 4, 2016, p. 59-60.

信息的反应来调整与他们的互动。通过这种方式,机器学会了对信息进行个别调整,成功地显著提高了患者的活动水平。

第二次世界大战和纽伦堡审判之后,知情同意被确立为对人体进行实验的伦理要求之一。然而,在在线实验中,这一原则被普遍蔑视,最常见的情况是通过注册时确认的平台一般使用条款和条件来获取同意。在数字时代,体验的大众化和控制的扩张相辅相成。19世纪,"实验知识与规训机构的权力之间存在深刻的密切关系"[1]。到了21世纪,在线实验的发展可以说与全面监控的权力联系在一起。

从这个令人担忧的角度看待大他者对我们生活的控制,揭示了非常现实的威胁,但只触及部分问题。叶夫根尼·莫罗佐夫(Evgeny Morozov)警告说,危险在于"祖博夫试图解释和谴责资本主义监视态势的新兴之处,却过分地使资本主义本身正常化"[2]。换句话说,过分关注所部署系统的规训维度,有可能忽视它的经济基础。有关监控资本主义的论述缺少政治经济层面的质疑。是什么样的生产模式的改变把我们带到了这一步?竞争态势如何使基于监控的盈利策略得以实现?

除了第一点批评,莫罗佐夫还提出了第二点更为直接的政治批评。他指出,祖博夫这本书的先验规范建立在对自由主义

---

[1] Grégoire CHAMAYOU, *Les Corps vils. Expérimenter sur les êtres humains aux XVIIIe et XIXe siècles*, La Découverte, Paris, 2008, p. 291.

[2] Evgeny MOROZOV, «Capitalism's new clothes», *loc. cit.*

个人的神圣化之上。面对监控资本主义的过度行为,它的观点本质上是保护单个消费者的明智选择。但难道没有另一个更集体的维度值得思考吗?

新的数字土地

就像一个典型的千禧一代,我总是黏在手机上,我的虚拟生活已经与我的现实生活完全融为一体。已经没有区别了。

——朱迪斯·杜波塔尔(Judith Duportail)[①]

内在超越性的影响

祖博夫理论的基础是自由主义原子论的假定,即人是自由和自主的。弗雷德里克·罗尔敦的《主权》(*Imperium*)一书批判了这一前提,认为社会不过是基本主权个体的集合体,他们只是自愿地将自己与他人联系在一起。回到社会学领域,与继承自埃米尔·涂尔干(Émile Durkheim)的整体主义偏向相反,罗尔敦认为存在着"整体对部分的过剩":

社会必然具有超越性,尽管是一种非常特殊的超越性:

[①] Judith DUPORTAIL, «I asked Tinder for my data. It sent me 800 pages of my deepest, darkest secrets», *The Guardian*, 26 septembre 2017.

一种内在超越性。任何规模稍微庞大的人类群体，无一不是在其所有成员身上投射着各种各样的象征性产物。尽管这些产物是群体成员共同塑造的，但他们所有人又同时受到这些产物的统治，无法在其间辨认出自己曾经的"贡献"。[1]

分别为亚马逊和微软工作的两位研究人员布伦特·史密斯（Brent Smith）和格雷格·林登（Greg Linden）认为，大数据是类似逻辑的一部分：

> 推荐和个性化服务利用我们在这个世界上活动时产生的海量数据，包括我们发现的、我们探索的以及我们喜欢的……。算法并不神奇，它们只是与你分享其他人已经发现的东西。[2]

象征性产物源于个人，但随着它们的倍增和聚合，其形式变得难以辨认。这就是大数据。算法从中汲取的"海量数据"源于个人行为的过剩部分，但在聚合过程中超越了个人，又以蜕变后的形式回归个人。

社会与大数据之间不仅仅是类比关系。当然，大数据并不完

---

[1] Frédéric LORDON, *Imperium. Structures et affect des corps politiques*, La Fabrique, Paris, 2015, p. 61.
[2] Frédéric LORDON, *Imperium. Structures et affect des corps politiques*, La Fabrique, Paris, 2015, p. 61-62.

第二章 数字统治

全是社会性的,但它具有社会性。它是一种辩证运动的结果,最初是从统计规律中捕捉到的集体力量的象征性结晶,然后是它对个人及其行为的反馈。大多数平台的共同点是,它们收集用户数据以提供服务。无论用户留下的痕迹是搜索词、语音样本还是对服务的评价,"用户都处于一个反馈循环中,他们对自己使用的产品做出了贡献。这就是数据科学的基础"①。数据采集为算法提供信息,算法反过来又指导行为,两者在反馈循环中相互促进。

大数据的力量在于庞大的规模。换句话说,算法数量越多,收集和处理即时数据所产生的超越效果就越大。然而,这种大数据力量有失去控制的风险。② 在小范围内,人们可以共同地充分认识集体生活的力量和影响,但在大范围内,这就变成了专家的事,变成了数据科学家的工作。当众人无法认识到自身的力量时,他们就很难对自己的力量负责,因为他们已经与自己的力量格格不入。罗尔敦写道:"组成整体并不仅仅是简单的叠加,而是要产生额外的东西。"③ 悲剧在于,在这种社会构成的

---

① Mike LOUKIDES, «What is data science? The future belongs to the companies and people that turn data into products», *O'Reilly Radar Report*, 2010.

② «La transcendance immanente est précisément ce supplément qui naît des synergies affectives sur de grands nombres, là où les petits nombres, satisfaisant la condition synoptique, peuvent espérer conserver la pleine maîtrise de leurs productions collectives», Frédéric LORDON, *Imperium*, *op. cit.*, p. 74.

③ «La transcendance immanente est précisément ce supplément qui naît des synergies affectives sur de grands nombres, là où les petits nombres, satisfaisant la condition synoptique, peuvent espérer conserver la pleine maîtrise de leurs productions collectives», Frédéric LORDON, *Imperium*, *op. cit.*, p. 224.

技术封建主义

垂直运动中,显现出来的力量面临着被剥夺的危险:

>"集体潜能"正是被捕获的"材料",是被捕获的"事物"……。可以说,制度本身就是被捕获的"事实"。制度的权威、规范化权力和使我们以某种方式行事、做某事的实际权力都来源于集体的力量,而制度通过一种固化的形式来捕获这种力量——制度是集体潜能的结晶体。①

用"大数据"取代"制度",你就会知道"大他者"是什么了。或者说,在大数据中看到的不是技术事实,而是制度事实。正如制度主义之父约翰·R. 康芒斯(John R. Commons)所言,"控制、解放和促进个体行动的扩张"②。

在猎取数据的向上运动中,所捕获的根本不是数据本身,而是数据包含的社会力量。在向下的运动中,这种力量被投入到个人身上,通过为他们配备集体力量的认知资源来扩展他们的行动能力。但是,这种社会权力的回归在现有权力的帝国之

---

① «La transcendance immanente est précisément ce supplément qui naît des synergies affectives sur de grands nombres, là où les petits nombres, satisfaisant la condition synoptique, peuvent espérer conserver la pleine maîtrise de leurs productions collectives», Frédéric LORDON, *Imperium*, *op. cit.*, p. 221.

② John R. COMMONS, *Institutional Economics. Its Place in Political Economy*, vol. 1, Transaction Publishers, Londres, 1990, p. 73-74; Marie-Claire VILLEVAL, «Une théorie économique des institutions», *in* Robert BOYER et Yves SAILLARD (dir.), *Théorie de la régulation. L'état des savoirs*, La Découverte, Paris, 1995, p. 479-489.

下运作。因此，个体因算法归还的社会权力而增强，同时又因归还模式而削弱了个体自主性。这种双重运动是一种统治形式，因为制度性的捕获由追求自身目的的公司组织，与受影响的社会的目的无关。

大数据是一种特殊的内在超越性的产物，受资本和数字公司的统治。集体权力自下而上的象征性结晶过程以权力的形式反作用于追求自身目的的组织对个人行使的权力。这才是系统的核心，祖博夫的监控资本主义概念只是片面地触及了这一点。

作为堡垒的平台

数字时代的"增强人类"与社会化的"人"一样，都无法逃脱算法帝国的控制。云端的社会过剩结晶渗透到个人生活中，就像农奴曾经被束缚在领主势力范围内的土地上一样。这种来自人类社会并塑造个体的社会力量在一定程度上反映在大数据中。我们需要将它视为一种新的生产资料、一种21世纪主体性关注的经验领域。

我们彼此之间的互补性现在体现在少数具有强大吸引力的霸权信息技术设备上。今天，微软的Word软件仍然占据着一席之地，这从根本上说明了这一机制。Word之所以对我有用，是因为它为我提供了一种书写和格式化工作的方法，但最重要的是，我的编辑、同事、合著者、学生、大学管理部门以及十二亿以上的潜在通信者[1]都在使用这个软件,它保证了我要发送或接收的文件的完整性。我们花精力去了解 Office 的软件界面、我们学会 Office 的常规操作方法、我们同意传输给软件发行商的用户数据,这些都将我们置于由微软控制的社会技术生态系统中,而离开它的成本很高昂。更重要的是,目前还没有一种简单的协调机制,能让所有使用 Word 的人同时使用其他软件。归根结底,Word 之所以能继续存在,是因为它自 1983 年推出第一个版本以来逐步推广并产生了一种"路径限制",即锁定效应。[2]

即使存在强大的免费替代品,也很难放弃微软的 Office 套件,这是网络互补性将我们联系在一起的另一面。对于这家总部位于西雅图的公司来说,这是一笔与其产品内在质量关系不大的意外之财。公司鼓励用户使用 Office 套件来确保业务的连续性。这需要激活一个特定的代码,这是微软的知识产权,每年为微软带来数百亿美元的收入。[3]

然而,与其他数字巨头的生态系统产生的吸引力相比,人们对 Office 套件的依恋非常轻微。谷歌已经成为大多数西方人

---

[1] 约翰·卡拉汉姆(John Callaham)提供的 2016 年 3 月 Office 套件的用户数量(Windows Central, 31 mars 2016, en ligne)。

[2] 经济学家们谈论收益递增和网络效应导致的"锁定"。指出初始优势在技术发展的历史动力中作用的经典文章是:W. Brian ARTHUR, «Competing technologies, increasing returns, and lock-in by historical events», *The Economic Journal*, vol. 99, n° 394, 1989, p. 116-131。

[3] 2016 年,Office 套件的销售额为 260 亿美元。参见:Todd BISHOP, «This is the new Microsoft: Windows slips to No. 3 amid shift to the cloud», GeekWire.com, 2 aoûo 2016。

日常生活中必不可少的助手。谷歌地图能够为我提供最佳路线，因为它拥有其他终端使用其程序提供的实时地理位置数据。通过分析我的电子邮件或日历，谷歌知道我的目的地，并在我询问之前将我的路线告知我。它甚至可以自发地向我提供我前一天研究过的一场比赛的结果。

通过观察我们、测试我们，平台对我们产生了强大而有效的影响。我们互补性的力量回到了我们身上。我们已经见识了这种影响力的强度。2014年夏天，在美国的多个地方脸书瘫痪了数小时，紧急服务部门因接听电话呼叫而不堪重负。[1] 平台已变得至关重要，必须被视为基础设施[2]，就像电力、铁路或电信网络一样。它们的管理所涉及的问题类型与关键基础设施管理所涉问题相同。它们的社会重要性有多大，取决于当它们发生故障时可能导致的问题有多严重。

这些数字基础设施的架构围绕三个关键要素进行组织：具有低可变性的中央组件、具有高可变性的互补组件以及中央组件和互补组件之间的模块管理接口。这种架构方式在确保基础稳健性的同时，还能实现良好的扩展性。为此付出的代价是负责中央组件的参与者、从事互补元素工作的参与者以及链条末

---

[1] «911 calls about Facebook outage angers L. A. county sheriff's officials», *Los Angeles Times*, 1er août 2014.

[2] Jean-Christophe PLANTIN *et al.*, «Infrastructure studies meet platform studies in the age of Google and Facebook», *New Media & Society*, vol. 20, n° 1, 2018, p. 293-310.

端的用户之间的彻底不对称，这些用户可以在模块之间穿越，但仍然依附于他们委托的平台。他们被它俘虏了，因为随着时间的推移，他们已经沉积了一组使他们与众不同的元素——他们的熟人网络、他们的浏览习惯、他们的搜索历史、他们的兴趣中心、他们的密码、他们的地址等。

这些基于封闭平台的应用生态系统的发展标志着与万维网最初设计的组织原则根本决裂。一方面，万维网基于一个分散的架构，其中，通用的交易协议（http）和统一的标识符格式（URI/URL）创造了一个"扁平"的内容空间，人类和计算机代理可以统一访问该空间，不需要中介。另一方面，平台则再造了中介，它建立了反馈循环，使交互变得更加密集。这种分层架构的技术基础是平台所拥有的应用程序编程接口（API）。一方面，通过应用程序编程接口，主要平台为嵌入其中的应用程序提供发展所需的基本数据；另一方面，平台访问它们生成的额外信息。随着生态系统的发展，平台会积累越来越多的数据。谷歌地图就是一个很好的例子：

> 2005年，谷歌推出了谷歌地图，并几乎立即提供了应用程序编程接口。应用程序编程接口允许第三方在谷歌的基础地图上添加或覆盖其他数据，从而创建地图"覆盖层"。换句话说，谷歌将地图变成了可编程对象，并以谷歌地图为平台。随着大多数谷歌产品都增加了应用程序编程接口，类似的例

第二章 数字统治

子也成倍增加。与脸书一样，谷歌的主要收益来自通过应用程序编程接口返回的用户活动数据及其无处不在的品牌界面，与谷歌平台相连的无数应用程序则因能够利用谷歌提供的数据而受益。[1]

从网络的开放、水平架构到平台的分层结构，这种转变与云端社会数字过剩的积累相一致。这些集体资源可以立即获取，并针对个体进行定制，这导致了我们个体生命和社会生活的剧变。随着人们永不断线，我们的"人机融合"正变得愈发紧密。为了让我们摆脱认知活动中最机械的事情[2]，算法为我们每个角色提供了对我们共同优势的直接和持续的支持。随着这些干预措施的增加，我们的生活与云端的联系变得更加紧密。

这种植根于平台数字层的形式由公司的盈利策略决定。随着用户产生更多数据，平台提供的服务质量随着利润的提高而提高。因此，平台有兴趣通过限制与竞争对手的互用性来将用户封闭在自己的生态系统中。[3] 因此，它们的权力崛起伴随着互

---

[1] Jean-Christophe PLANTIN et al., «Infrastructure studies meet platform studies in the age of Google and Facebook», *New Media & Society*, vol. 20, n° 1, 2018, p. 293-310. 这也妨碍了应用程序开发人员的工作，他们不得不专注于一个平台或维护同一产品的多个版本。

[2] Dominique CARDON, *À quoi rêvent les algorithmes. Nos vies à l'heure des Big Data*, Seuil, Paris, 2015.

[3] Jean-Christophe Platin et al., «Infrastructure studies meet platform studies in the age of Google and Facebook», *loc. cit.*, p. 299-300.

联网碎片化的逻辑。

平台正在成为领地。除了垄断原始数据来源的地域逻辑之外，数字服务中固有的反馈循环也为主体创造了一种依赖性。这不仅因为以观察我们的实践为基础的算法正在成为平常生存不可或缺的生产资料，还因为个人在平台上的注册因界面的个性化和较高的退出成本而产生了锁定效应，这种效应产生了永久性。[1]

最终，平台组织的数字领域被分割成相对独立的、相互竞争的基础设施。谁控制了这些基础设施，谁就集中了对参与其中的人的政治和经济支配权。算法治理特有的监控逻辑的另一面，就是主体对"数字土地"的依恋。

虚幻的自主权

在算法管理时代，移动平台与劳动者之间的关联性质问题引发了有关雇佣关系的重大争议。优步的案例是这方面的典型例子。截至2018年12月31日，在该平台上注册的390万名司机面临着一个反复出现的问题。他们是如优步所称，与优步自由签约的自雇工人，还是应该被视为平台的雇员，并因此享受受薪就业提供的保护？

从法律角度来看，答案仍不确定，尤其这个问题因地方和国家背景的不同而有不同的表述。例如，2019年，加州立法机

---

[1] Adam CANDEUB, «Behavioral economics, Internet search, and antitrust», *I/S. A Journal of Law and Policy for the Information Society*, vol. 9, 2014, p. 409.

构做出了支持第二种解释的裁决，指出平台工人是雇员，因此平台必须承担其作为雇主在社会保障、失业保险、工资税收、工人赔偿范围和遵守最低工资规定方面的责任。在瑞士，联邦法院于 2023 年 2 月确认司机与优步之间存在雇佣关系，并责令该公司缴纳社会保险费。①

与此相反，法国当局接受平台的论调，优步这样的平台否认自己是传统服务公司，而将自己定位为连接消费者和个人创业者的技术公司。2016 年以来，法国采取了一系列立法措施，以"保障平台模式"。②

归根结底，问题主要出在报酬上。优步如此坚持司机独立性，是因为将他们重新归类为雇员会带来非常可观的额外成本，在美国，这一额外成本为 20%～30%。③ 优步的商业模式在财务上很脆弱，可行性依赖于对廉价劳动力的调动，这些劳动力的

---

① TRIBUNAL FÉDÉRAL SUISSE, «Sociétés néerlandaises tenues de payer les cotisations AVS pour les chauffeurs Uber», communiqué de press du 23 mars 2023, Lausanne. 相反，在加州，平台司机和送货司机将继续被视为个体经营者，因为第 22 号提案通过了公民投票，使他们的个体经营者身份合法化。Miriam A. CHERRY, «Dispatch—United States: "Proposition 22: a vote on gig worker status in California"», *Saint Louis University Legal Studies Research Paper*, n° 2021-03.

② 为了限制此类合同被重新归类为雇佣合同，决定诉诸平台的社会责任概念。参见：Yves STRUILLOU, «De nouvelles dispositions législatives pour "réguler socialement" les plateformes de mobilité et sécuriser leur modèle économique», contribution de la Direction générale du Travail au rapport 2019 du groupe d'experts sur le Smic, 2019, en ligne, p. 144-148; Coralie LARRAZET, «Régime des plateformes numériques, du non-salariat au projet de charte sociale», *Droit social*, vol. 2, 2019, p. 167-176.

③ Kate CONGER et Noam SCHEIBER, «California bill makes app-based companies treat workers as employees», *The New York Times*, 11 septembre 2019.

时薪与餐饮和零售行业的低工资相当①，并且优步无须承担雇主义务的成本。

这种合同安排的理由基于一个主要论点——自主权。司机使用自己的车辆，选择工作日和时间，并保留随时切换到另一个平台的选择。不可否认，这种灵活性构成了这种关系的重要方面，这一点从对相关人员进行的调查中确实可以看出。纽约的一位优步司机总结道："你是你自己的老板。如果你愿意，你就工作；如果你不愿意，你就待在家里。这取决于你。"② 为了强调这一点，包括为优步工作的经济学家在内的研究人员进行了实证建模，以量化这种灵活性的价值，他们估计这种灵活性的价值占司机收入的 40%。③ 在优步和零工经济（gig economy）模式的狂热者看来，这种灵活性及其为司机带来的机会意味着不存在隶属关系，而且通过互惠，雇佣关系也具有非工资性质。

尽管这种隶属关系问题产生的原因与传统雇佣关系情况下

---

① 在首次公开募股的相关文件中，优步承认了司机对低薪酬的不满，并预计这种不满情绪将会增加："我们的目标是提供与零售、批发、餐饮或类似行业相当的收入机会，但仍有相当数量的司机对我们的平台感到不满。由于我们计划减少司机激励措施以改善财务业绩，我们预计他们的不满情绪将会增加。"参见：«Uber technologies, inc., form s-1-Registration statement under the *Securities Act* of 1933», United States Securities and Exchange Commission, 11 avril 2019, p. 30。

② Mareike MÖHLMANN et Lior ZALMANSON, «Hands on the wheel: navigating algorithmic management and Uber drivers' autonomy», International Conference On Information (ICIS), Association for Information System, 2017, p. 7.

③ M. Keith CHEN, Judith A. CHEVALIER, Peter E. ROSSI et Emily OEHLSEN, «The value of flexible work: evidence from Uber drivers», *Journal of Political Economy*, vol. 127, n° 6, 2019, p. 2735-2794.

并不完全相同，但从信息系统和法律分析的角度来看，工人与平台之间的关系显然建立在一种根本的不对称的基础上。

信息系统专家将"算法管理"定义为远程部署和使用软件设备进行监控、指导和控制的实践。① 这种管理形式涉及"对工人行为和绩效的持续监控和评估，以及决策的自动执行"。因此，这些代理人不是与人类监督员互动，而主要是与一个僵化的、不太透明的系统互动。对优步司机来说，这导致了一种自相矛盾的局面，对自主权的渴望与平台对这一活动的极强控制权相互冲突。② 软件架构中存在的严重不对称极大地削弱了工人的议价能力，使平台提供简单中介功能的谎言不攻自破。③

然而，优步公司的董事们正在倾尽全力维持这一现状。当法律于2020年初在加州生效时，这家旧金山公司面临着将现有架构大规模重新归类为雇佣合同的威胁。为了避免出现这种情况，该公司重新配置了加州应用软件的运行参数，给予司机更大的自主权。现在，司机可以提前了解平台所提供行程的时间、

---

① Mareike MÖHLMANN et Lior ZALMANSON, «Hands on the wheel：navigating algorithmic management and Uber drivers' autonomy», *loc. cit.*, p. 3.

② Lawrence MISHEL et Celine MCNICHOLAS, «Uber drivers are not entrepreneurs：NLRB General Counsel ignores the realities of driving for Uber», *Economic Policy Institute Report*, 20 septembre 2019, en ligne.

③ 关于这个主题，参见欧盟法院的解释：Barbara GOMES, «Les plateformes en droit social：l'apport de l'arrêt "Elite Taxi contre Uber"», *Revue de droit du travail*, vol. 2, 2018, p. 150-156；Vassilis HATZOPOULOS, «After Uber Spain：the EU's approach on the sharing economy in need of review», *European Law Review*, vol. 44, n° 1, 2019, p. 88-98。

距离、目的地和预计价格。他们还可以拒绝请求，而不会面临被处罚的风险。最后，优步公司在一些城市还试验性地引入了反向报价机制，他们可以自己设定价格。①

加州优步算法管理的曲折变化以及法国当局在为这类平台活动提供法律保障方面遇到的困难，都表明平台工人正处于"接近雇佣合同固有的隶属关系的边缘"②。然而，除了隶属关系问题之外，经济依赖问题仍然存在。客运平台、送货平台或家庭零工平台使服务得以组织起来，如果没有软件系统的介入，这些服务是不可能存在的。事实上，正是算法反馈循环的力量——声誉、实时调整、简易性、行为历史记录等——赋予这些服务以特殊的性质，而分散的生产者无法获得这些特质。换句话说，即使我们认为工人在生产相关服务时有很大的回旋余地，他们也无法达到同样的质量，除非他们依附于平台。这种依附性正是平台能够从他们的工作中获取利润的原因。

这里有一个法国社会法承认的要点。即使在没有隶属关系的情况下，"从他人活动中获取经济利益"的标准也适用，并证明委托人有理由为社会保障提供资金，例如为艺术家和作家的社会保障提供资金。③ 因此，以算法设备为媒介的服务生产，即

---

① Preetika RANA, «Uber tests feature allowing some California drivers to set fares», *Wall Street Journal*, 21 janvier 2020.

② «Étude d'impact. Projet de loi pour la liberté de choisir son avenir profes-sionnel», Assemblée nationale, 27 avril 2018, art. 28, p. 234.

③ Coralie LARRAZET, «Régime des plateformes numériques, du non－salariat au projet de charte sociale», *loc. cit.*

使只意味着非常零散的隶属关系，也不排除劳动与利用劳动的资本之间存在完全的经济依赖关系。这种可能的分离正是移动平台背景下区分工作关系的关键所在。虽然隶属关系是传统工资关系的核心，但在平台经济中，经济依赖关系才是最重要的。

自动化社会控制

准备好面对管理真相了吗？准备好迎接呈现在众神守护的桌面上的冰冷报告了吗？

——马蒂亚斯·埃纳尔（Mathias Énard）[1]

在1970年发表的一篇已成为经典的文章中，乔治·阿克洛夫（George Akerlof）以二手车为例说明商品质量的不确定性会危及某些市场的存在。由于买方不可能知道车辆的质量，而卖方又有可能隐瞒某些缺陷，因此买方只能接受与劣质车辆（美国俚语中的"柠檬"）相对应的价格。但这个价格对于那些希望出售质量好的车辆的人来说是不可接受的，因此他们离开了二手车市场，二手车市场最终也就沦为了"柠檬"市场。[2]

卖家不诚实是经济理论中的一个严重问题。即使某些类别

---

[1] Mathias ÉNARD, *Zone*, Actes Sud, Arles, 2013, p. 505.
[2] George A. AKERLOF, «The market for "Lemons": quality uncertainty and the market mechanism», *The Quarterly Journal of Economics*, vol. 84, n° 3, 1970, p. 488-500.

的商品存在潜在买家，信息不对称也会阻碍交易发生。因此，从经济角度来看，与不法商人相关的主要成本与其说是商品的受欺骗的买家所遭受的损失，不如说是由于缺乏信心而无法完成大量潜在交易。

20世纪90年代，电子商务刚刚起步，这些信息不对称问题几乎成为电子商务发展不可逾越的障碍。与店内购物不同，在网上购买商品之前不可能对商品进行检查、触摸或称重，也无法核实卖家的身份。诚然，法律制度规定了对欺诈者和诈骗者的制裁，但诉诸这些制裁的成本很高。在日常生活中，信任首先通过反复沟通、密切联系和长期积累建立起来。虽然互联网的兴起有望通过降低沟通成本来极大地扩展交易范围，但并不能保证交易中必不可少的信任也会随之建立。要激活这些新的经济联系，就必须发明一种与新媒介相适应的信任载体。如果没有这样一种机制，就会像阿克洛夫的例子一样，"柠檬"将好车挤出二手车市场，骗局的泛滥也会使网上市场枯竭。

易趣（eBay）最先找到了解决方案，那就是基于代理人互评的声誉系统。[1] 用户受邀对他人留下正面、负面或中性评价。这些信号会被汇总并转化为分数和好评率。买家和卖家还可以撰写公开评论。最后，星级系统对交易的不同方面进行详细评估。这些关于交易质量的反馈工具对交易双方有着长期的影响，

---

[1] Steven TADELIS, «Reputation and feedback systems in online platform markets», *Annual Review of Economics*, vol. 8, n° 1, 2016, p. 332.

第二章 数字统治

超出了单笔交易的范围。引入这种系统的目的是鼓励各方不要采取机会主义行为，不要利用信息不对称为自己谋利。换句话说，通过公开承认卖方的良好行为，鼓励卖方按承诺和公布的条件出售商品。这种基准的引入使潜在买家能够在与卖家交易之前了解他过去的行为。在过去交易反馈的滋养下，声誉成为一种强大的激励机制，匿名也能促进信任。

在爱彼迎上，租房者的评级与房东相同，因为同意让他人使用你的住所意味着对他们的信任。研究表明了互惠的价值有多大——细微的关怀、礼貌性的照顾、共同的故事等等。房东所留评论的长度揭示了交易中对社交深度的追求，非专业租房者获得的平均评分高于专业租房者的事实也证实了这一点。[1]

同样，根据优步的说法，"评级鼓励乘客和司机之间相互尊重。这改善了我们的社区，让每个人都能从服务中获得最大收益"。评级是对个人参与互动的质量的总结。

为了最大限度地提高交易量，各平台逐渐使声誉衡量过程变得更加复杂，通过研究网民交流痕迹中的隐性指标来丰富网民的显性反馈——例如，在爱彼迎的消息系统中，对租房者和房东之间的通信内容进行句法分析。在这种情况下，与直接衡量声誉的方法不同，用户无法理解排名背后的逻辑。经济学家史蒂文·塔德利斯（Steven Tadelis）解释道："平台的利益在于

---

[1] Davide PROSERPIO, Wendy XU et Georgios ZERVAS, «You get what you give: theory and evidence of reciprocity in the sharing economy», *Quantitative Marketing and Economics*, vol. 16, n° 4, 2018, p. 371-407.

采用一种家长式的规定性方法，不假定市场参与者能够有效地解读信息。"① 平台不是让参与者解读现有信息，而是以推荐的形式为他们总结信息。

从声誉到推荐的转变是一种判断的转变。现在由算法决定我们的最佳匹配，就像约会应用软件 Tinder，它无耻地利用我们的个人数据对我们进行评估，并根据构成其产业机密的标准决定向我们推荐哪些潜在伴侣。

当然，这些平台声称，它们这样做只是为了更好地满足用户的需求。但滥用的风险并不小。平台可以出于不太合法的目的操纵其声誉系统，例如亚马逊的排名突出自家的产品而损害其他卖家的产品。

在社交网络中，声誉管理直接带来政治问题。脸书开始对用户进行评级，以衡量其可信度，数值范围从 0 到 1。这样做的公开目的是打击假新闻，它影响着个人出版物在算法中的可见度。这相当于将公众表达的监督权委托给了一家私人公司，而这家公司本身很可能在过滤意见时加入自己的偏见。问题在于评估所依据的标准并不透明。一位记者说："具有讽刺意味的是，它们不能告诉我们它们如何评判我们——因为如果它们告诉我们，我们就能骗过它们建立的算法。"②

---

① Steven TADELIS, «Reputation and feedback systems in online platform markets», *loc. cit.*, p. 336.

② Elizabeth DWOSKIN, «Facebook is rating the trustworthiness of its users on a scale from zero to 1», *The Washington Post*, 21 août 2018.

第三章

无形资产的食利者

全球化世界的知识垄断

> 巨兽并非蠢笨之物,它用富有弹性和强健的肌肉紧紧包裹着、压迫着那名骑士。它那两只巨大的爪子牢牢地扣住骑士的胸膛。
>
> ——夏尔·波德莱尔(Charles Baudelaire)①

无形资产的崛起

经济学家称"无形资产"为生产资料,它们与机器、建筑

---

① Charles BAUDELAIRE, «Chacun sa chimère», in *Œuvres complètes de Charles Baudelaire*, vol. IV, Michel Levy frères, Paris, 1869.

物、车辆或原材料不同，无法触摸。它们是计算机代码、设计、数据库或程序，可以无限复制而不失其内在品质。[①] 这些都是非竞争性资产。当你在谷歌上搜索从达喀尔到戈雷岛的船期表，或者在网飞观看一集《怪奇物语》（*Stranger Things*）时，只要网络不饱和，你做的这些事并不会影响我做同样的事情。但是，如果我们都想在跳蚤市场上买一辆旧的摩托贝卡纳（Motobécane）自行车，而市场上只有一辆出售，那么我们不可能都如愿以偿。

有形资产和无形资产之间的区别由来已久。例如，19世纪中叶，弗里德里希·李斯特（Friedrich List）在思考德国在工业上赶超英国的条件时，指出了"科学和艺术"在发展过程中相对于"体力劳动"的作用，甚至提出了"人类活的知识资本"的概念。[②]

这种区别在我们的日常生活中也无处不在，但它如此琐碎，以至于我们通常很少关注。不言而喻，要制作油醋汁，你需要配方（无形），也需要配料和厨具（有形）；如果你不知道乐曲的音符（无形），如果乐器走调（有形），你就没办法在钢琴上作即兴弹奏。简而言之，无形和有形缺一不可。它们必须结合在一起才能产生有用的效果，这是一个历久弥新的真理。

发生变化的是，技术进步大大降低了复制、处理和传播信

[①] 经济学和管理学的许多最新著作都关注无形资产问题。关于这一主题的概述，包括定义问题和会计问题，参见：Jonathan HASKEL et Stian WESTLAKE, *Capitalism without Capital*, *op. cit.*。

[②] Friedrich LIST, *Système national d'économie politique*, éd. de. Henri Richelot, Capelle, Paris, 1857, p. 248.

息的成本。自20世纪中叶以来，计算机处理成本已减少了1 000亿美元。① 现在，通信几乎是免费和瞬时的，存储成本也极低。黑格尔（Hegel）指出："量的变化表面上看似天真无邪，但在某种程度上却是实现质变的诡计。"② 信息处理能力的变化正是对应着这种从量变到质变的飞跃。

信息流动的加速改变了无形资产嵌入社会机构的方式。如果无形资产仅通过人与人之间的口口相传、印刷品甚至后来的收音机和电话进行流通，它们的非竞争性就会受到一定的限制。它们的扩展能力受到人际和商业网络的规模、接触机会的稀缺、传输的成本和持续时间甚至通信系统架构的僵化等因素的阻碍。如今，信息系统已经足够强大，"无处不在"就是这种非竞争性的必然结果。但这会对生产方式产生什么影响呢？

第二次分离

理查德·鲍德温（Richard Baldwin）谈到了"第二次分离"（second dissociation），以指出信息技术革命与全球化之间的联系。他的想法很简单——第一次分离发生在19世纪末，自20世纪60年代以来更加严重。由于运输成本的降低，它结束了在消

---

① William D. NORDHAUS, «Are we approaching an economic singularity? Information technology and the future of economic growth», *NBER Working Paper*, n° 21547, 2015, p. 4.

② Georg Wilhelm Friedrich HEGEL, *Encyclopédie des sciences philosophiques*, Vrin, «Bibliothèque des textes philosophiques», Paris, 1986, p. 444.

费地附近制造商品的需要。自 20 世纪 80 年代末以来，出现了一种新型的分离。随着通信成本的下降，远程协调的可能性呈指数级增长。因此，大多数制造步骤不再需要彼此靠近地进行。

汽车、电话、发电站涡轮机，还有服装、食品、软件，甚至某些管理或医学分析服务，都是在几个国家甚至几大洲分阶段进行的组合结果。工作过程是分散的。密切相关的生产活动在数千公里之外同步进行。因此，这位经济学家指出："为了确保业务运作的完整性，搬迁的公司必须在搬迁的同时传播其管理、营销和技术知识。"①

信息技术使这种新的生产结构成为可能。正是信息技术使管理技能和技术规格得以融合。但这一运动背后的推动力并非技术，而是经济。对利润的追求推动了大卫·哈维（David Harvey）所说的空间修复（spatial fix），它指一种新的空间地理布局，使得更好地利用资本成为可能。② 这让某些最简单或最容易标准化和控制的工作转移到成本较低的国家，从而实现工作的地域错位。例如，苹果公司不再拥有任何工厂，所有设备都由分包商生产，尤其把组装工作集中在中国。2013 年 4 月 24 日，孟加拉国达卡的拉纳广场大楼倒塌，人们在 1 134 名遇难的纺织工人身上发现了贝纳通（Benetton）、乐蓬马歇（Bonmarché）、

---

① Richard E. BALDWIN, *The Great Convergence. Information Technology and the New Globalization*, The Belknap Press of Harvard University Press, Cambridge, 2016, p. 134.

② David Harvey, *The Limits to Capital*, Verso, New York, 2006, chapitre VII.

第三章 无形资产的食利者

普拉达（Prada）、古驰（Gucci）、范思哲（Versace）、盟可睐（Moncler）、Mango、普利马克（Primark）、沃尔玛、家乐福（Carrefour）、欧尚（Auchan）、Camaïeu 等品牌的标签。[①]

"微笑曲线"（smile curve）[②] 是生产分化对全球产业链价值分配的影响的一种风格化表现形式。曲线的中部是标准化程度最高、知识密集度最低的活动，也就是自 20 世纪 90 年代以来被大规模转移的活动。正是在这些环节，竞争最为激烈，因此获取价值的能力也最弱。曲线的两端是生产最上游和最下游的活动，一边是设计任务，另一边是客户交付（见图 3-1）。这些是知识最密集的环节，也是价值捕获最高的环节。

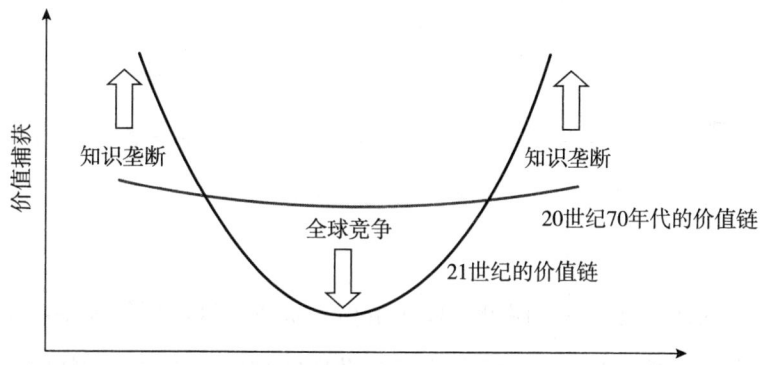

图 3-1 全球产业链价值分布的微笑曲线

[①] «Effondrement du Rana Plaza»，Wikipédia，22 mars 2019.
[②] Stan Shih, «Me-too is not my style: challenge difficulties, break through bottlenecks, create values», The Acer Foundation, Taïpei, 1996.

巴贝奇原则的放大

查尔斯·巴贝奇（Charles Babbage）是一位多面手，他于1821年设计出计算机的第一个机械原型——差分机。他的出发点来自一个简单的观察——特定的生产需要不同的技能来调动。但有些技能比其他技能更稀有，或者获取成本更高。对雇主来说，将这些任务划分开来并分别支付报酬是有利的，这样工人就可以根据自己的技能专注于每一项任务，从而让自己脱颖而出：

> 这种分工的目的是确保最有资格的人员（也是用工成本最高的人员）能够将所有工作时间都投入到只有他们才能胜任的任务中去。一般来说，任何需要迅速而熟练地完成的生产细节都应与其他操作分开，由一个人专门负责。[1]

简而言之，分工降低了雇主的劳动成本。这就促使大多数工作岗位相对小型化，知识集中于少数职能部门。这种节省技能的原则一直是当前国际生产流程分工背后的认知分工的动力。[2] 但

---

[1] Charles BABBAGE, *Traité sur l'économie des machines et des manufactures*, trad. Édouard Biot, Bachelier, Paris, 1833, p. 235.

[2] Philippe MOATI et El Mouhoub MOUHOUD, «Les nouvelles logiques de décom-position internationale des processus productifs», *Revue d'économie politique*, vol. 115, n° 5, 2005, p. 573-589.

是，导致全球价值链中收入两极分化的动力不仅仅是巴贝奇原则的延伸，而是巴贝奇原则的放大。价值集中在价值链的两端是知识垄断过程的表现，在这一过程的末端，经济力量集中在少数几个战略要地。

在国际上工作流程分散的同时，业务更加标准化，信息技术的使用也更加密集。尽管工作流程越来越分散，但信息系统越来越密集，以保持流程的完整性。两极分化不仅仅是知识密集程度高低的任务分离问题。生产要素的整合本身发挥着重要作用。在全球范围内，劳动组织的力量集中在无形的生产力形式上。知识垄断集中了生产意志。

租金机制

所有成熟的事物都充满了强盗。

——亨利·米肖（Henri Michaux）[1]

意大利经济学家乌戈·帕加诺（Ugo Pagano）提出了"知识垄断资本主义"的概念[2]，用以描述 20 世纪最后几十年产权

---

[1] Henri MICHAUX, « Tranches de savoir », *Face aux verrous* [1967], Gallimard, Paris, 1992, p. 64.

[2] Ugo PAGANO, «The crisis of intellectual monopoly capitalism», *Cambridge Journal of Economics*, vol. 38, n° 6, 2014, p. 1409-1429.

急剧收紧所产生的经济体系。① 他解释说,有了知识产权,"垄断不再仅仅基于机器和管理技能集中带来的市场力量,它还成为对知识的合法垄断"。而且,"由于知识不是一个被限定在物理空间范围内的物品……,知识的私有化导致了全球垄断,限制了许多地方许多个人的自由"。②

专利巨头的崛起就是这种有害的变化趋势的例证。企业专门持有专利,不是为了利用专利,而是为了对使用专利所包含的知识收取费用,结果导致创新受阻。③ 帕加诺认为,在20世纪90年代,寻求创新租金可能会产生熊彼特效应,刺激投资,但现在情况已不再如此。现在,新的壁垒极大地限制了投资机会,从而减缓了富裕国家的积累和增长,阻碍了发达国家的发展,并导致闲置资本外逃,加剧了金融不稳定。④

知识产权收紧与全球化之间的关联并非巧合。一方面,希望充分利用国际机遇的公司正在推动在这一领域制定更严格的

---

① Benjamin CORIAT et Fabienne ORSI, «Establishing a new intellectual property rights regime in the United States. Origins, content and problems», *Research Policy*, vol. 31, n° 8-9, 2002, p. 1491-1507; Christopher MAY, *The Global Political Economy of Intellectual Property Rights. The New Enclosures*, Routledge, «RIPE Series in Global Political Economy», Londres, 2010.

② Ugo PAGANO, «The crisis of intellectual monopoly capitalism», *loc. cit.*, p. 1413.

③ Lauren COHEN, Umit G. GURUN et Scott Duke KOMINERS, «Patent trolls: evidence from targeted firms», *Management Science*, vol. 65, n° 12, 2019, p. 5449-5956.

④ Ugo PAGANO et Maria Alessandra ROSSI, «The crash of the knowledge economy», *Cambridge Journal of Economics*, vol. 33, n° 4, 2009, p. 665-683.

规则。① 另一方面，严格标准的推广降低了企业创新被他人模仿的风险，从而增强了企业参与国际分散生产的意愿。②

自然垄断租金

因此，加强对标准、技术和品牌的独家控制是全球化过程中知识垄断的强大推动力，但并不是唯一的动力。我与威廉·米尔伯格（William Milberg）共同证明，还有另外三种机制促成了这一现象。③

第一个原因是经济学家所说的自然垄断状况，即市场结构本身是三种要素作用的结果——网络互补性、规模经济和沉没投资。④以铁路网为例，铁路网的覆盖面越广，作用就越大（网络互补

---

① Susan K. SELL, «TRIPS was never enough: vertical forum shifting, FTAS, ACTA, and TPP», *Journal of Intellectual Property Law*, vol. 18, n° 2, 2010, p. 104-160; Susan K. SELL et Aseem PRAKASH, «Using ideas strategically: the contest between business and NGO networks in intellectual property rights», *International Studies Quarterly*, vol. 48, n° 1, 2004, p. 143-175.

② 各种实证研究表明，贸易的增长与知识产权的收紧有关。参见：Titus O. AWOKUSE et Hong YIN, «Does stronger intellectual property rights protection induce more bilateral trade? Evidence from China's imports», *World Development*, vol. 38, n° 8, 2010, p. 1094-1104; Rod FALVEY, Neil FOSTER et David GREENAWAY, «Trade, imitative ability and intellectual property rights», *Review of World Economics*, vol. 145, n° 3, 2009, p. 373-404; Yungho WENG, Chih-Hai YANG et Yi-Ju HUANG, «Intellectual property rights and US information goods exports: the role of imitation threat», *Journal of Cultural Economics*, vol. 33, n° 2, 2009, p. 109。

③ Cédric DURAND et William MILBERG, «Intellectual monopoly in global value chains», *Review of International Political Economy*, 2019 (à paraître), en ligne.

④ Manuela MOSCA, «On the origins of the concept of natural monopoly. Economies of scale and competition», *The European Journal of the History of Economic Thought*, vol. 15, n° 2, 2008, p. 317-353.

性）；然而，铁路网的组织涉及固定成本（规模经济）；最后，铁路线一旦建成，就不可能再收回投资（沉没成本）。在这种情况下，由一家公司管理比开放竞争的市场更经济实惠。

在全球价值链中可以发现这些特征——企业间互补性的相互作用；组织整合分散活动的职能的规模收益；使业务兼容的沉没投资。苹果公司成功的背后正是自然垄断逻辑的典型。1996年和2004年，苹果公司分别放弃了位于科罗拉多斯普林斯喷泉和萨克拉门托埃尔克格罗夫的工厂，但凭借严格的价值链管理实现了东山再起。所有生产都由美国以外的企业完成，尤其是放在中国，但这并不意味着公司放松了对生产运营的控制。相反，它建立了一个封闭的生态系统，几乎控制了从设计到零售的每一个供应链环节。[1]

这种远程控制的关键在于苹果公司能否将它的设备与竞争对手的设备区分开来。从苹果公司供应商的角度来看，这意味着作为如此复杂且管理完善的价值链的一部分，它们可以从这些网络互补性中获益。但这也使它们依赖加州公司，正因该公司控制着它们，因此该公司能够占有所产生价值的绝大部分。

---

[1] Donald L. BARLETT et James B. STEELE, «Apple's American job disaster—Philly», philly.com, 20 novembre 2011; Andrew B. BERNARD et Teresa C. FORT, «Factoryless goods producing firms», *American Economic Review*, vol. 105, n° 5, 2015, p. 518-523; Adam SATARIANO et Peter BURROWS, «Apple's supply-chain secret? Hoard lasers», *Bloomberg Businessweek*, 3 novembre 2011, p. 50-54.

第三章　无形资产的食利者

无形资产的级差地租

除了以上两种公认的情况外,还有第三种不太为人所知的租金。它与无形资产有关,或者更准确地说,与传统的有形资产配置的规模收益和无形资产高度密集的生产阶段的规模收益之间存在的差异有关。无形资产通常具有可扩展性,比如软件或组织经验。一旦最初的投资完成,就可以以微不足道的边际成本复制它们,因此规模收益趋向于无限。然而,建筑或机器等有形资产的情况并非如此。对于这些资产来说,即使存在规模收益,其规模收益也要低得多。每一道额外的材料加工程序都会带来并不轻微的额外成本,哪怕仅仅是能源和原材料的消耗。

这种差异化的收益构成了理解当前竞争逻辑的特殊性的关键,例如《纽约时报》报道的沃尔玛和亚马逊之间日益激烈的竞争:

> 零售公司需要想办法管理连接东南亚和美国大城市商店的复杂供应链,以免产品断货。它们还需要能提供无障碍用户体验的移动应用程序和网站,这样潜在买家和订单之间就不会有任何障碍。……在供应链管理和信息技术方面拥有强大技能的公司可以将这些固定成本分摊到更多的总销售额中。[①]

[①] Neil IRWIN, «The Amazon-Walmart showdown that explains the modern economy», *The New York Times*, 7 juin 2017.

当然，在尽可能广泛的销售基础上摊销无形资产的（近似）固定成本具有关键优势。但还有一个方面也在起作用——在无形资产密集型领域开展的业务越多，企业的潜在利润就越高。全球价值链将有形资产和/或劳动密集型细分市场与其他无形资产密集型细分市场结合在一起。前者包括服装制造、电话组装、半导体冶炼和铁路运输等。后者包括集成电路设计、网站、服装设计、营销策略、软件编码、数据库管理等。现在，让我们思考一下在相关价值链层面上，当总产量增加时会发生什么情况——无形资产密集型环节的成本与有形资产和/或劳动密集型环节的成本以不同的速度增加。由于固定成本和边际成本的分布不均，物质密集型部门的总成本增长很快，而信息密集型部门的平均成本下降更快。图3-2说明了这一点。有形资产和无形资产之间的规模经济差异意味着，随着产量的增加，控制链条中无形环节的公司会获得不成比例的收益份额。

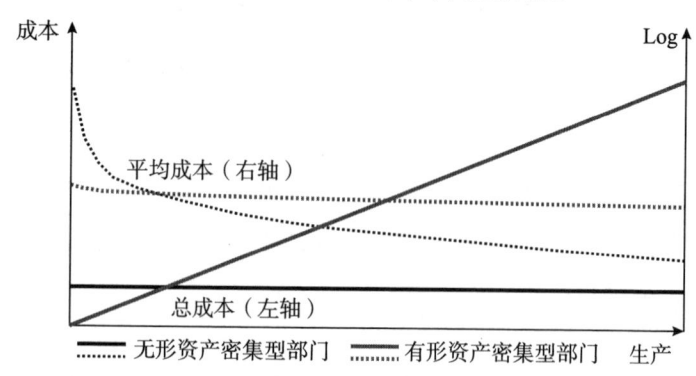

图3-2 有形资产和无形资产密集型部门的总成本和平均成本动态

第三章　无形资产的食利者

动态创新租金

最后一种知识垄断的力量与所谓"动态创新租金"有关，原理如下。产业链的整合程度越高，活动开展得越多，产生的数据量就越大。这些信息都积累在非常特殊的地方，即整合职能集中的地方。组织产业链的企业控制着信息系统，因此它们是数据的集中者。然而，这些数据是现代研发过程中不可或缺的原材料。有了这些数据，我们才能找出薄弱环节，确定改进的方向，并对创新解决方案进行虚拟测试。用西门子首席执行官约瑟夫·凯瑟（Josef Kaeser）的话说，数据"是创新的圣杯"[1]。

正如我们所见，数据积累是互联网巨头商业模式的核心。用户产生的数据使这些公司能够改善用户体验、设计有针对性的广告或销售个性化服务。但数据在创新过程中的重要性并不仅限于这些公司。凯瑟解释道：

> 我们制造的机器可以发电、实现工业流程自动化、生成医学影像（如扫描或核磁共振成像）或将人和物体从 A 点移动到 B 点。这是很多产品，所有这些产品都有传感器。……我们收集这些传感器产生的数据，并在我们的平台上进行分析。[2]

---

[1] Joseph KAESER et Daniel GROSS, «Siemens CEO Joe Kaeser on the next industrial revolution», *Strategy and Business*, 9 février 2016.

[2] Joseph KAESER et Daniel GROSS, «Siemens CEO Joe Kaeser on the next industrial revolution», *Strategy and Business*, 9 février 2016.

工业过程中产生的数据,尤其是在预测性维护领域,是设备制造商与其客户之间激烈谈判的知识产权问题的主体。原因很简单,也很关键,因为这些数据是研发过程中必不可少的投入。

在沃尔玛与其分包商的关系中,沃尔玛的优势是压倒性的。这家总部位于阿肯色州本顿维尔的公司以每小时 100 万笔交易的速度收集来自 2.45 亿顾客的活动数据。此外,还有来自 17 500 多家供应商的物流和运营数据。供应商可以通过获取自己产品的销售点数据来改善运营。但沃尔玛得到的回报要大得多,因为公司可以深入了解所有供应商的运营情况——生产规划、产品设计和包装,当然还有客户信息。[1]

沃尔玛的信息优势在于它在供应商和客户中的核心地位。该零售商使用德国思爱普(SAP)公司提供的名为"HANA 商业智能平台"的软件,实时汇集来自各利益相关方的数据。思爱普首席执行官卡伦·特雷尔(Karenann Terrell)说,"HANA 漂浮在整个信息系统中",因此"创新并不局限于后台"。[2] 在公司总部,"数据咖啡馆"集中了由 200 个内部源和外部源(包括天气报告、社交媒体、经济电信和当地事件)实时提供的数据,目的是利用这些独特的海量信息,使各部门的团

---

[1] Nada R. SANDERS, «How to use Big Data to drive your supply chain», *California Management Review*, vol. 58, n° 3, 2016, p. 26-48; Jianfeng WANG, «Economies of IT systems at Wal-Mart. An historical perspective», *Journal of Management Information and Decision Sciences*, vol. 9, n° 1, 2006, p. 45.

[2] Marianne WILSON, «Wal-Mart focuses on speed, innovation with SAP's HANA technology», chainstoreage. com, 6 mai 2015.

第三章 无形资产的食利者

队能够直接向分析中心的专家求助，以检验它们的假设。①

在价值链中，存在着争夺数据控制权的垂直竞争。数据流通是整合和优化分散工作流程中的业务流程的先决条件。但这种整合使数据的发起者和组织者获得了过多的数据。由于信息系统固有的不对称性和企业间不平等的议价能力，占统治地位的公司能够从合作伙伴的生产和商业流程中学习，并利用这些信息提高自身的创新能力。因此，利用数字工具所产生的数据的集中化推动了知识垄断的发展，从而实现了价值链的整合。

垄断知识的过程涉及在全球范围内以日益严格的知识产权大规模圈占知识，但它并不仅限于此。如表3-1所示，它所要求的生产过程的国际分化，以及设计和执行活动的日益分离，通过整合功能创造了新的知识产权租金来源。

表3-1　与无形资产挂钩的租金分类

类型	说明	示例
知识产权租金		
专利、版权、商标	通过对产品和工艺、文化和科学产品的专有权以及营销投资进行配给	药品专利、软件特征和编码专利、商标保护：耐克、路易威登等
自然垄断租金		
对全球价值链一体化的影响	整合背后的无形资产收益；全球价值链中网络的互补性；资产专用性导致的沉没成本	供应链管理：苹果、法雷奥（Valeo）和博世（Bosch）的汽车配件

---

① Bernard MARR, «Really Big Data at Walmart: real-time insights from their 40+ petabyte data cloud», *Forbes*, 23 janvier 2017.

续表

类型	说明	示例
无形资产的级差地租		
规模收益不均	相对于有形资产,无形资产的规模收益不均使得产业链中密集的无形资产能够获得更大份额的收益	生产外包:苹果和耐克与它们的组装厂,雀巢奈斯派索(Nespresso)与它的咖啡生产商
动态创新租金		
诉诸数据收集的熊彼特Ⅱ型	通过非对称信息系统集中价值链上生成的数据;数据助推熊彼特Ⅱ型的创新之路	机器上的西门子传感器、轮胎上的固特异传感器、沃尔玛信息系统、亚马逊购物历史记录

数字经济的繁荣正在助长庞大的食利者经济,并不是因为信息是新的价值来源,而是因为对信息和知识的控制——知识垄断已经成为获取价值的最有力手段。

破坏垄断

在我们的处境中,自由市场并不意味着竞争,而是意味着全球范围内的垄断。更确切地说,这或许是封建资本主义。

——弗雷德里克·詹明信(Fredric Jameson)[1]

2018年6月21日,巴拉克·奥巴马(Barack Obama)的前白宫顾问、颇具影响力的新美国基金会负责人安妮-玛丽·斯劳

---

[1] Fredric JAMESON, «In Soviet Arcadia», *New Left Review*, n° 75, 2012, p. 124.

特（Anne-Marie Slaughter）在《金融时报》上发表了一篇题为《纵向媒体兼并是如此像19世纪》的专栏文章。① 她在文章中批评了基础设施所有者和内容生产者之间正在进行的激进兼并行动——在电信集团美国电话电报公司和时代华纳［Time Warner，拥有有线电视新闻网（CNN）、HBO频道和电影制片厂等］合并之后，一个新的巨头诞生了。

自20世纪90年代以来，电信行业开始大规模集中，美国电话电报公司和康卡斯特公司（Comcast）与威瑞森公司（Verizon）形成了事实上的垄断联盟。自2000年代末以来，它们开始向网络中立性开战。这些公司打算利用电信网络形成垂直整合的企业集团，以便控制媒体帝国的每一层，从地下电缆、空中终端到内容创作。

斯劳特认为，在21世纪，这种战略注定要失败。在19世纪，钢铁巨头安德鲁·卡内基（Andrew Carnegie）曾试图控制铁路、煤矿和钢铁厂，以遏制竞争对手。在信息时代，这样的计划已不再有意义："纵向一体化等于在一个由平台统治的时代建立孤岛，等于在租赁时代拥有自己，等于在客户需要个性化产品时寻求大众市场。"为了支持她的论点，她引用了硅谷风险投资家海曼特·塔尼加（Hemant Taneja）刚刚出版的、前面提到的著作《去规模化》（*Unscaled*），他在书中承诺，由于人工智

---

① Anne-Marie SLAUGHTER, «Vertical media mergers are just so 19th century», *Financial Times*, 21 juin 2018.

能的出现，由小型创新公司组成的创业资本主义将获得重生：

> 在人工智能和数字技术驱动的经济中，小型、专业和灵活的公司可以利用技术平台，与面向大众市场的大型组织展开有效竞争。这是因为现在的小公司可以租用以前必须由公司自己建立的平台。它们可以租用云计算，租用社交媒体上的消费者，租用世界各地合同公司的制造。……昔日的大众市场正在让位于微型市场。这就是缩减规模的本质。技术降低了大规模生产和营销的价值，使个性化的微型生产和有针对性的营销成为可能。①

这正是哈尔·瓦里安于2010年在《美国经济评论》（*American Economic Review*）中针对信息技术服务平台模式提出的论点：

> 如今，小企业可以从亚马逊、谷歌、IBM、微软、太阳微系统公司等供应商那里"现成"购买数据存储、托管服务、应用开发环境和互联网连接。平台即服务模式将以前小型网络应用程序的固定成本转变为可变成本，大大降低了进入成本。②

---

① Hemant TANEJA, *Unscaled*, *op. cit.*, p. 13.
② Hal R. VARIAN, «Computer mediated transactions», *American Economic Review*, vol. 100, n° 2, 2010, p. 7.

第三章　无形资产的食利者

令人着迷的是,"硅谷共识"的意识形态支柱(创业资本主义的承诺)持续存在。把人工智能换成互联网,你就能找到二十五年前《知识时代的大宪章》的作者提出的口号:

> 新的信息技术正在消除产品和人员多样性的经济成本,从而导致我们的机构和文化的"分众化"。

这是安妮-玛丽·斯劳特清晰提出的一个论点:

> 公司将变得越来越小,因为集中组织人力活动不再那么有效率。毫无疑问,未来属于由少数管理人员管理机器和自由职业者的公司,这就是广义的"零工经济"。

在这种情况下,美国电话电报公司-华纳联盟所代表的老牌垄断企业只剩下一张倒退牌可打。在 2017 年 12 月 14 日的一项决定中,美国联邦通信委员会(Federal Communications Commission)终结了网络中立性,即保证运营商平等对待数据流。对于美国电话电报公司这样的基础设施所有者来说,这无疑是天赐良机。有了对移动和有线互联网物理网络的控制权,它们就可以向内容提供商收取更多费用,或鼓励内容提供商发行自己的作品。但斯劳特认为这只是缓兵之计:"巨头们,小心了!"她警告说,这种杂乱无章的战略将无法抵挡无数灵活的新进入者的冲击。

安妮-玛丽·斯劳特的文章一石二鸟。一方面，它抨击了网络所有者，而西海岸互联网界的大佬们正是她的基金会的主要支持者，他们正在就网络中立性问题与网络所有者开战；另一方面，她对日益高涨的针对数字公司的反垄断批评进行了反击。当这一问题成为公共辩论的中心议题时，它攻击旧垄断（电信网络），以避免新垄断。在此过程中，它试图重新激活"硅谷共识"的意识形态核心——信息技术与创业资本主义密不可分的神话。

在不到一周的时间内，时任 Alphaville（《金融时报》博客的"金融市场"版块）专栏作家的亚历山德拉·斯凯格斯（Alexandra Scaggs）抨击了这位新美国基金会负责人的文章。她首先纠正了一些事实。与 19 世纪末期的历史类比有些牵强。斯劳特似乎将卡内基的防御性纵向整合与洛克菲勒的标准石油公司的战略混为一谈，后者迫使竞争对手支付更高的铁路运费，将竞争对手赶出局。但即使这个错误是意识形态狂热的一种症状，那也不是重点。斯凯格斯想要表达的是，虽然斯劳特谴责旧式垄断带来的威胁，但她其实在推广一种更危险的模式：

> 当她建议租赁技术能力而不是内部开发时，她忽略了敏捷企业从哪里租用这些能力。* 当然，有人拥有这些能力，那就是大型科技公司。将您的工作文件保存在云端？

---

* 敏捷企业指一种能够快速适应市场变化和客户需求的企业，号称采用敏捷的开发方法和灵活的组织结构。——译者注

第三章 无形资产的食利者

您必须向亚马逊或谷歌付费才能随时随地工作。

她推荐的结构（所谓的"零工经济"）回溯到一种早于强盗资本主义的经济结构。在那个体系中，不同级别的仆人和工人为特权买单，他们一无所有，在一个完全由个人或实体控制的地盘上工作，而这个人或实体对居民拥有绝对的权力，几乎不对任何人负责。

当然，我们说的是封建主义。技术正在把我们带入一个新的封建时代，在这个时代，个人必须提供 robota（一个捷克语词汇，意为苦役、免费劳动，恰好是"机器人"一词的词根），以维持对大科技平台的有效访问，而在人们的生活中越来越多的事情都需通过这个平台完成。这一论断有充分的理由。①

这种指责直截了当，它混合了两种声音。第一种声音是新一代的反垄断论点，年轻律师莉娜·汗（Lina Khan）和所谓的反垄断嬉皮士（参见本书"附录二"）将这些论点推向了前台。第二种声音是上文讨论的、基于数据提取和利用问题对大科技的批判。但最重要的是，它勾勒出了一条值得进一步探究的途径，也就是新经济自相矛盾的封建未来——我称之为技术封建主义假说。

---

① Alexandra SCAGGS, «The node to serfdom», *Financial Times*, Alphaville (blog), 2018.

· 145 ·

第四章

技术封建主义假说

什么是封建主义？

> 经济学家们的论证方式是非常奇怪的。他们认为只有两种制度：一种是人为的，一种是天然的。封建制度是人为的，资产阶级制度是天然的。
>
> ——卡尔·马克思（Karl Marx）①*

马克思告诫我们，经济学通常无法思考社会基本组织形式的变化。他那个时代的古典经济学家，就像我们这个时代的主流经济学家一样，认为构建当代经济的市场关系是自然关系，遵循从古至今都有效的原则。在他们看来，符合工业资本主义市场经济运行规则才是合理的。任何不符合该规则的东西都被

---

① Karl MARX, *Misère de la philosophie* [1847], marxists. org, p. 72.
* 译文引自：马克思. 资本论：第1卷. 2版. 北京：人民出版社，2004：99. ——译者注

第四章 技术封建主义假说

认为是非理性的、陈旧的，最终不可理解。[1] 为了让我们有机会重新审视自己的目光，或许也是为了更好地把握正在发生的变化，我们需要仔细审视一下与资本主义"自然性"相关的那些似乎持续存在的反常现象。

今天，如果我们稍加留意，就会发现封建主义的幽灵比比皆是。[2] 哲学家、律师和人类学家愿意引用这个逝去的时代来反思我们时代的问题——西方社会民主进程的泯灭，全球化背景下法律秩序的支离破碎，以及管理实践中无处不在的占有动机。[3]

---

[1] Maurice GODELIER, *Rationalité et irrationalité en économie*, vol. 2, Maspero, Paris, 1969, p. 192.

[2] 我的这一观点源于蒂埃里·拉比卡（Thierry Labica）一篇未发表的文章：Thierry Labica, «"Neofeudalism", or the insights of neoliberalism dystopianized», miméo, 2011。

[3] 除了第一章中讨论的哈贝马斯的公共领域再封建化概念外，该术语还有另外三个显著的用法。人类学家凯瑟琳·维德里（Katerine Verdery）在20世纪90年代初中欧和东欧经济衰落的背景下提出了"从社会主义向封建主义过渡"的假设。她指出，在经济自由化措施的冲击下，经济空间支离破碎，地方效忠网络重组。
在法国，法律专家注意到封建主义的迹象包括独立权力机构的兴起、刑事诉讼法的繁多、社会法和体育活动领域自我调节可能性的增大。在立法过程中，来源、社会和机构参与者的多样化导致缺乏统一性，并削弱了普遍利益的监管理念。然而，法律的多元性是旧政体的一个特点，从1789年继承下来的法律原则正是建立在这一特点之上。它与宗主权的多样性相对应，而宗主权的多样性反过来又反映了封建制度中个人关系和依附关系的优越性。
最后，大卫·格雷伯（David Graeber）探讨了我们社会中层出不穷的"狗屁工作"（bullshit jobs）。他认为，这种现象是政治与经济之间一种新的不相干形式的结果，它打破了资本主义的原则，正在产生一种"管理封建主义"，其特点是占有、分配和配置资源的过程占据统治地位。
参见：Katerine VERDERY, *What Was Socialism, and What Comes Next?*, Princeton University Press, Princeton, 1996, chapter VIII; José LEFEBVRE (dir.), *L'Hypothèse du néo-féodalisme. Le droit à une nouvelle croisée des chemins*, CEPRISCA/PUF, Amiens/Paris, 2006; Alain SUPIOT, *La Gouvernance par les nombres*, cours au Collège de France, 2012 - 2014; Alain SUPIOT, *Poids et mesures du monde*, Institut d'études avancées de Nantes/Fayard, Nantes/Paris, 2015; David GRAEBER, *Bullshit Jobs*, Les liens qui libèrent, Paris, 2018, chapter V.

我的问题更具体。它涉及封建主义概念与当前某些经济趋势的相关性。要回答这个问题，我们需要先回到这个词的原始含义。封建主义首先是一个与中世纪西欧社会组织有关的历史概念。我们会看到，它也是一种非常特殊的社会经济形式的名称。

在此，我们的目的不是要详尽无遗地阐述这一概念，而是要勾勒出这一生产方式的程式化图景，勾勒出它的逻辑结构。我指的是基本社会关系的表述，这些关系从有限的几个特征出发，构成了社会经济动态的典型方面。

对人类和地球的权力

在9世纪和10世纪，中世纪的西方是"一个等级森严的社会，一小撮'有权势'的人高高在上地统治着被他们剥削的广大'乡巴佬'"[1]。乔治·杜比（Georges Duby）认为，封建组织的主要作用是使以下行为成为可能：

> 在这种极度贫困的环境中，人们为了微薄的收成而筋疲力竭，农户们靠着微薄的储备金，通过艰苦的劳作赚取微薄的剩余，这些剩余被输送到首领及其寄生虫的小世界里。这些剩余在贵族们的浪费和掠夺下迅速蒸发，他们完

---

[1] Georges DUBY, *L'Économie rurale et la vie des campagnes dans l'Occident médiéval. France，Angleterre，Empire，IXe - XVe siècle. Essai de synthèse et perspectives de recherches*, Flammarion, Paris, 2014, p. 102-105.

第四章　技术封建主义假说

全沉迷于奢靡享受，热衷于通过挥霍财富来彰显权势。①

因此，这种强烈的社会两极分化是以消费为目标的财富垄断和集中过程的结果。杜比告诉我们，贵族的标志是"随时摆脱窘境，他必须能够在饥民中随时保持挥霍无度"。因此，权力、炫耀和挥霍是相辅相成的。究其原因，主人物质上的富足决定了他们再生产统治他人的权力的能力。他们必须"总是有办法，不用担心明天，在他们周围分配食物，扩大他们的'家庭'，增加他们的仆人群体"②。有权势的人统治着他们从中获得经济安全的领地，而这种经济安全与政治安全密不可分。

阿兰·盖罗（Alain Guerreau）将贵族拥有的权力称为"统治权"（dominium），它构成了封建主义的首要环节。它是"统治者和被统治者之间的一种社会关系，在这种关系中，统治者同时行使对人的权力和对土地的权力"③。领主与依赖他们的生产者之间的关系具有空间性和地域性。这种关系涉及一个领地的所有居民，尽管他们的地位和居住地类型各不相同，但他们都通过对土地的依附而受制于"地方主人"的统治。教会也完

---

① Georges DUBY, *L'Économie rurale et la vie des campagnes dans l'Occident médiéval. France, Angleterre, Empire, IXe-XVe siècle. Essai de synthèse et perspectives de recherches*, Flammarion, Paris, 2014, p. 135.

② Georges DUBY, *L'Économie rurale et la vie des campagnes dans l'Occident médiéval. France, Angleterre, Empire, IXe-XVe siècle. Essai de synthèse et perspectives de recherches*, Flammarion, Paris, 2014, p. 105.

③ Alain GUERREAU, «Le concept de féodalisme: genèse, évolution et signification actuelle», HAL, 1997, p. 2.

全属于这种统治。根据时期和地区的不同,教会机构拥有四分之一到三分之一的土地。因此,主教和修道院当局本身就是封建领主,他们履行的精神职能放大了他们的权力,支撑着整座"社会大厦"。

然而,封建统治远非完全。权力的不集中和世袭领地的纠葛导致主权的分散和一定程度的农民自治的持续存在。正如弗里德里希·恩格斯(Friedrich Engels)所指出的,这种土地公有制赋予了"被压迫阶级即农民甚至在中世纪农奴制的最残酷条件下,也能有地方性的团结和抵抗的手段,而这两种东西无论在古代的奴隶那里或者在近代的无产阶级那里都没有这样现成"[1]*。中世纪的公地是经济和政治资源。

虽然统治权是封建主义的关键制度,但它当然不是唯一的制度。农奴制是与之相关的形式之一。农奴制是封建社会的一个长期特征,影响着10%~20%的农村人口。与奴隶不同,农奴(或称农民)不是主人的财产。然而,他们的自由受到严格限制,尤其是在结婚和继承等社会生存的关键时刻。俗话说,"农奴与土地相依为命",换言之,农奴必须留在庄园的土地上。此外,与其他依附人口相比,农奴的家务范围更多地由领主决定。

封臣制是封建主义的另一项基本制度,由于仅限于贵族,

---

[1] Friedrich ENGELS, *L'Origine de la famille, de la propriété privée et de l'État*, trad. Jean-Marie Tremblay, Université du Québec à Chicoutimi, «Les Classiques des sciences sociales», 2002, en ligne.

* 译文引自:马克思,恩格斯. 马克思恩格斯全集:第 21 卷. 北京:人民出版社,1965:177。——译者注

第四章 技术封建主义假说

因此只影响到极少一部分人口。尽管如此，它仍然非常重要，因为它通过组织团结的纽带和权力的分配，以及其他形式的联合，调节了很大一部分关系。因此，对土地的控制在很大程度上通过封臣制关系实现。这是一种不对称的关系。封臣被授予封地，这代表了对领土及其居民的统治权，这使他能够保持自身地位并履行义务。他还能得到领主的保护。作为回报，封臣有义务参与领主的军事行动，并在经济上或建议上支持领主。第一个方面至关重要，因为封臣要负责组建封建军队。然而，封臣的权力非常不稳定。正如马克斯·韦伯所指出的，封臣

> 沦为愿意服从从而效忠于占有封地和掌握管理手段的行政管理者的一方。事实上，领主与封臣之间争夺领地权力的斗争长期存在。①

封建领主制的维系和延续离不开战争的重要作用。战争考验着贵族内部的团结，也解决了相互竞争的领主之间的争斗。热罗姆·巴斯谢（Jérôme Baschet）指出，战争还对农民的顺从性起到了至关重要的作用。他提醒我们，农民是掠夺的主要受害者，很大程度上需要主人的保护。② 正是战争划定了领主控制的土地边界，确立了他们对当地居民的统治。领主的公共权力

---

① Max WEBER, *Économie et société. Tome premier*, *op. cit.*, p. 339.
② Jérôme BASCHET, *La Civilisation féodale. De l'an mil à la colonisation de l'Amérique*, Flammarion, Paris, 2018, e-book, p. 2195.

职能体现在维护正义和领地内的秩序上。在与外部世界的关系中，领主的保护职能与之相匹配。正是由于军事的不稳定性，领主的保护职能才变得至关重要。

统治权、农奴制和封臣制是历史学家思考封建社会的基本范畴。政治和经济本质上无法区分，暴力是占统治地位的管理原则，因此封建关系围绕统治和保护问题组织起来。

农奴制：有效契约还是掠夺？

新制度主义经济史理论家和马克思主义作家采用了与历史学家不同的总体视角。他们的目的不是要弄清封建时代的所有层面和变化，而是要分离出一个有限的关系核心，以便能够从分析的角度来描述一种有别于资本主义的社会形态。这导致他们把农奴制视作把握封建主义本质的关键制度。从历史的角度来看，这是一个值得商榷的前提，但从理论的角度来看，却是一个非常富有成果的前提。

在1971年的一篇文章中，道格拉斯·诺思（Douglass North）和罗伯特·托马斯（Robert Thomas）将产权和制度变迁的新经济理论应用于分析封建主义、封建主义危机以及西方世界随后的经济崛起。他们使用了契约经济学。他们假设，经济的持续增长需要"制度发展创造、刺激或提供与土地私有制和自由劳动力市场相当的条件"[1]。因此，对"封建领主制的兴衰"进行

---

[1] Douglass C. NORTH et Robert P. THOMAS, «The rise and fall of the manorial system: A theoretical model», *The Journal of Economic History*, vol. 31, n° 4, 1971, p. 778.

第四章 技术封建主义假说

经济分析，对于理解 18 世纪晚期以来西方世界经济的加速增长至关重要。

这些新制度主义经济学家通过农奴制的棱镜来看待封建主义。他们认为，农奴制既不是一种"非自愿的奴役形式"，也不是一种"剥削方式"。他们认为农奴制是另一种东西，"本质上是一种契约安排，在这种安排中，一定数量的劳动服务被用来交换保护和正义的公共产品"。① 他们如此概括自己的论点：

> 普遍缺乏秩序意味着农民必须依靠拥有高超军事技能和装备的专业人员……。这是一个典型的公共产品的例子，因为保护一个农民家庭也意味着保护他们的邻居。因此，每个农民都倾向于让邻居支付费用。在这种情况下，必须采取某种形式的强制手段来获取防御所需的资源。
>
> 领主的军事实力赋予了他收集这些资源的力量。从逻辑上讲，这也使他成为解决争端的负责人……。因此，领主很早就在保护者的角色中加入了司法管理。②

这种关于世袭领地内农奴制的契约理论建立在描述初始情

---

① Douglass C. NORTH et Robert P. THOMAS, « The rise and fall of the manorial system: A theoretical model», *The Journal of Economic History*, vol. 31, n° 4, 1971, p. 778.

② Douglass C. NORTH et Robert P. THOMAS, « The rise and fall of the manorial system: A theoretical model», *The Journal of Economic History*, vol. 31, n° 4, 1971, p. 778.

况的三个前提之上：(1) 政治上的无政府状态造成普遍不安全的环境。(2) 存在着两类参与者，一类拥有军事力量，另一类则没有，后者需要保护。(3) 领主保护的公共产品性质，即非竞争性和非排他性。除了这三个前提之外，还有两个假设对契约逻辑至关重要。(4) 存在着一种"原始的劳动力市场"[1]，暗示农奴在某种程度上拥有自由。诺思和托马斯实际上认为，领主之间争夺劳动力、缺乏中央集权以及存在大量未开垦土地等因素共同为农奴提供了离开领地的选择机会。(5) 领主会"保护农奴以使其免受合同条款的任意变动"[2]。正是基于这五点，诺思和托马斯认为农奴制代表了"在无政府状态、自给自足以及军事力量存在差异等情况下"的"一种有效解决方案"。[3]

虽然前两个论点可以被认为是较为合理的简化，但另外三个论点却存在着严重的问题。首先，保护并不是一种公共产品，而是一种可以被分配的服务。[4] 与现代国家间的相互威慑或中世纪城市堡垒不同，领主的防御城堡无法保护农民的财产免遭劫

---

[1] Douglass C. NORTH et Robert P. THOMAS, «The rise and fall of the manorial system: A theoretical model», *The Journal of Economic History*, vol. 31, n° 4, 1971, p. 779.

[2] Douglass C. NORTH et Robert P. THOMAS, «The rise and fall of the manorial system: A theoretical model», *The Journal of Economic History*, vol. 31, n° 4, 1971, p. 779.

[3] Douglass C. NORTH et Robert P. THOMAS, «The rise and fall of the manorial system: A theoretical model», *The Journal of Economic History*, vol. 31, n° 4, 1971, p. 802.

[4] Stefano FENOALTEA, «The rise and fall of a theoretical model: the manorial system», *The Journal of Economic History*, vol. 35, n° 2, 1975, p. 388.

掠。村庄和农田都位于防御区之外。更重要的是，农民个人也无法获得无差别的保障。城堡空间有限，而且最重要的是，领主可以决定是否给予不同的个人庇护。由于这些排他性和竞争性特征，领主提供的保护根本就不是一种公共产品，反而使每个农民都处于领主专横的统治之下。司法同样也不是一种公共产品。农民个人没有任何保障，领主可以随心所欲地将他们视为非法之徒。

其次，"有一个原始的劳动力市场存在"的说法也是不正确的。农民根本无法与领主提供的各种保护竞争，因为他们需要面对高昂的离开领地的成本——这与旅行有关，当时交通路线既难走又危险。更重要的是，由于货币流通有限，农民必须携带足够的工具和食物储备才能在下一个收成之前维持生计。逃亡也会导致高昂的收入损失，因为即使存在未开垦的耕地，也需要清理和耕种后才能达到与现有土地相同的产量。

最后，即使农民集体逃亡成功，躲过了领主的追捕和报复，也必然会引起自称新的保护者的注意，这将使他们回到原来的境地。诺思和托马斯的一位早期评论家总结道：

> 因此，农奴们别无选择，要么待在原地忍受农奴制，要么承担高昂的搬迁和安置成本。然而，就算冒着风险迁移，他们最终也会面临两种糟糕的处境——要么陷入新的孤立无援之地（并承受所有随之而来的不利因素），要么很

技术封建主义

可能在其他地方再次沦为农奴。①

说起两位作者提出的最后一点——农民受到保护，不受合同条款任意更改的影响，罗伯特·布伦纳（Robert Brenner）提醒我们，它直接与封建主义的具体之处相悖：

> 中世纪农奴制经济之所以与众不同，是因为领主的任意征税和他们对农民流动性的控制。领主凭借武力直接从农民身上榨取剩余产品，而非通过契约规定的平等交换。②

当诺思和托马斯提出领主需要"某种形式的强制"以从农民那里获取共同防御所需的资源时，他们在这一基本点上自相矛盾。必须在契约和强制之间做出选择。作者的矛盾心理揭示了他们方法中的僵局。考虑到高昂的退出成本和保护措施的定量配给，农民们完全听命于他们的领主。因此，保护和司法并不是农民通过契约安排自由获得的服务。恰恰相反，正如迈赫达德·瓦哈比（Mehrdad Vahabi）所总结的："被勒索才是农民获得保护的代价。"③

---

① Stefano FENOALTEA, «The rise and fall of a theoretical model: the manorial system», *The Journal of Economic History*, vol. 35, n° 2, 1975, p. 389.

② Robert BRENNER, «Agrarian class structure and economic development in pre-industrial Europe», *Past & Present*, vol. 70, n° 1, 1976, p. 35.

③ Mehrdad VAHABI, *The Political Economy of Predation: Manhunting and the Economics of Escape*, Cambridge University Press, New York, 2016, p. 295.

第四章 技术封建主义假说

理解农奴制的一种替代性方法是基于掠夺的概念。掠夺被定义为一种依靠暴力的占有性分配机制。① 从一开始，掠食者的地位就比猎物更具统治性。这种原始的不对称性构成了这种关系的基础。② 使用这个定义，封建主义可以被描述为领主与臣民之间掠夺性关系占统治地位的社会形态。前者保护后者，但同时对后者施加一种额外的经济约束（实际的或潜在的暴力），这是敲诈勒索的条件。尽管掠夺的概念比契约的概念更能描述封建主义，但对于掌握整体结构来说还是不够的。

封建主义危机的社会政治原因

马蒂厄·阿诺（Mathieu Arnoux）在一篇新颖的文章中认为，11—13世纪经济增长的决定性因素既不是人口因素，也不是技术因素，而是与"大量而且持久的农民劳动力供应"有关。因此，问题在于要理解"促使农村居民更加努力的原因"③。阿诺认为，这场工业革命是中世纪社会劳动地位转变的一部分原因。在这一时期，社会政治结构整合为三种不同的秩序，一方

---

① Mehrdad VAHABI, *The Political Economy of Predation: Manhunting and the Economics of Escape*, Cambridge University Press, New York, 2016, p. 295.

② Mehrdad VAHABI, *The Political Economy of Predation: Manhunting and the Economics of Escape*, Cambridge University Press, New York, 2016, p. 100.

③ Mathieu ARNOUX, *Le Temps des laboureurs. Travail, ordre social et croissance en Europe (XIe - XIVe siècle)*, Albin Michel, «L'évolution de l'humanité», Paris, 2012, p. 13. 马蒂诺·尼杜（Martino Nieduu）从制度主义经济学的角度对这篇论文进行了有趣的讨论，参见：Martino NIEDDU, «Pourquoi lire *Le Temps des laboureurs* lorsqu'on est économiste, de surcroît régulationniste et travaillant sur les patrimoines économiques collectifs?», *Revue de la régulation*, n° 14, 2013.

技术封建主义

面是对工作尊严的道德认可,另一方面是再分配机制的制度化,特别是教会什一税,它在帮助穷人方面发挥了作用。这些因素共同作用,提升了工作的价值,导致了工作的强化。[1] 然而,这种极具启发性的阐释却没有揭示经济停滞的原因,而这种停滞在14世纪初经济形势发生灾难性转变之前就已显现。

为了解释中世纪的扩张,艾萨克·约书亚（Isaac Joshua）提出了与阿诺不同的分析方法。他在《中世纪隐藏的面孔》一书中指出,这一时期生产力的量变与质变主要是由于领主资本的出现。从中世纪早期开始,领主将其收入的一小部分用于购置设备（犁、磨坊等）,与此同时,他们也越来越多地融入市场关系,并开始形成以投资获利的资本主义逻辑,这反过来又让他们雇佣受薪劳动力。因此,"生产力的发展与土地和人口这两种财产在领主收入中所占的地位成反比"[2]。换言之,中世纪生产力的（有限）进步,只有在经济控制从劳动力控制质变为生产资料控制之后才会发生。他认为,正是这种向资本主义逻辑的微弱转变,导致了10—13世纪的扩张阶段。反之,生产力的发展受阻,导致封建主义在14世纪陷入危机,原因就在于长期存在的、建立在领主强制力基础上的土地和人口地租。

---

[1] 在14—15世纪的危机中,欧洲社会在黑死病大疫之后表现出了惊人的恢复能力,也是同样的逻辑在起作用。参见：Mathieu ARNOUX, «Croissance et crises dans le monde médiéval, XIVe - XVe siècle», *Les Cahiers du monde russe*, vol. 46, n° 1 - 2, 2005, p. 115-132。

[2] Isaac JOHSUA, *La Face cachée du Moyen Âge: Les premiers pas du capital*, La Brèche, Montreuil, 1988, p. 219.

第四章 技术封建主义假说

罗伯特·布伦纳关注经济发展受阻这一问题,并解释了强夺的作用。他的解释与诺思和托马斯一样抽象而概括,也认为农奴制是基本关系,但与他们不同的是,他认为这种关系根本不是契约关系。相反,它是一种"权力关系",在这种关系中,领主严格行使经济以外的权力,迫使农民进行"不平等的交换"。通过定义农奴制,布伦纳提出了基于阶级关系格局而不仅仅基于人口动力的解释基础。

在很长一段时间里,人们用马尔萨斯模式来解释始于13世纪末的中世纪的经济停滞——封建社会无法提高生产力,只能在人口动力和可用土地之间徘徊。一开始,人口让扩张成为可能,但这很快导致土地的过度使用,造成农业产量下降,肥力较低的土地被兼并。结果是农民收入减少,食品价格上涨。在农业生产没有任何改善的情况下,人口过剩最终导致饥荒。因此,该系统可以自我调节,随着人口变化而交替出现扩张和贫困阶段。伊曼纽尔·勒罗伊·拉杜里(Emmanuel Le Roy Ladurie)在研究朗格多克(Languedoc)农民历史的著作中证明,这种循环模式在中世纪后期近六个世纪都成立。他写道:"马尔萨斯来得太晚了。"① 这说明马尔萨斯模式虽然无法解释工业时代的经济增长,却很好地解释了古代社会的动态。

虽然马尔萨斯的分析在经验上令人信服,却无法解释一个

---

① Emmanuel LE ROY LADURIE, *Les Paysans de Languedoc* [1977], tome I, De Gruyter Mouton, Berlin, 2017, p. 652.

技术封建主义

基本问题——为什么中世纪的经济无法提高生产力？勒罗伊·拉杜里提到了资本、企业家精神和创新的缺乏，但没有指出这些缺乏的根源。这正是布伦纳强调的一点，他从农民和领主之间的关系角度来解释经济动态。以下是他的论述：

> 马尔萨斯式的长期停滞循环……只能被充分理解为阶级结构和阶级关系（尤其是"榨取经济剩余的关系"）的结果，正如经济发展只能被充分理解为新的阶级关系的出现更有利于新的生产组织形式、技术创新和生产性投资水平的提高一样。①

换句话说，是阶级结构决定了人口或商业变化如何影响收入分配和经济发展的长期变化，而不是反过来。在布伦纳看来，有两个因素可以解释马尔萨斯式的富裕与贫困循环往复的陷阱。②

第一个因素是领主对剩余的强夺。农民只剩下仅够生存的钱，无法投资以改善土壤质量，甚至连保护土壤质量都做不到。在领主以实物或货币形式收费的重压下，农民没有足够的资源来积累这些费用。牲畜问题在这里至关重要，获得牲畜有助于

---

① Robert BRENNER, «Agrarian class structure and economic development in pre-industrial Europe», *loc. cit.*, p. 37.
② Robert BRENNER, «Agrarian class structure and economic development in pre-industrial Europe», *loc. cit.*, p. 47-51.

第四章 技术封建主义假说

耕地和肥沃土壤,从而提高生产力。但在粮食短缺的情况下,恰恰因为在放牧的土地上种植庄稼,才加剧了产量的下降,加剧了人口危机。

第二个因素是,领主们获得的剩余在很大程度上是非生产性的,都被挥霍在了奢侈消费和军事开支上。这些是维持他们的地位、繁衍他们的仆人圈子、保持甚至扩大他们控制的领地所必需的开支,他们的社会地位最终取决于这些开支。但只要有可能,中世纪的领主们也会投资购买土地:

> 富绅或男爵在他们所在地区或整个国家中的地位,在政治和军事紧张时期所能招募和动员的支持,供养女儿或结成家族联盟的能力,甚至通过宗教或慈善捐赠确保灵魂得到拯救的能力——封建领主所珍视的一切优势和特权都取决于庄园的规模。因此,领主不会将大部分积蓄用于生产性用途。[1]

对土地或控制土地所需的军事装备进行广泛投资的逻辑推动了封建制度的发展。佩里·安德森(Perry Anderson)指出,在封建主义中,用凶残的手段占有财富似乎比生产更有利:

---

[1] Michael M. POSTAN et John HATCHER, «Population and class relations in feudal society», in Trevor Henry ASTON et Charles H. E. PHILPIN, *The Brenner Debate. Agrarian Class Structure and Economic Development in Pre-Industrial Europe*, vol. 1, Cambridge University Press, New York, 1987, p. 77–78.

技术封建主义

> 可以说，战争也许是封建统治之下统治阶级最合理、最迅速的扩张和榨取剩余的方式。……中世纪的农业生产力和贸易量都不是停滞不前的。但对领主来说，与领土征服带来的即时、巨大的"回报"相比，这两种现象只能非常缓慢地增加他们的收入。……因此，封建统治阶级的社会定义理应是军事统治阶级。[①]

参与征服战争为封建领主带来的收益远比他们从农业投资中获得的回报更具吸引力。军事竞争的优势使封建竞争成为零和游戏，主要问题不是提高生产效率，而是控制土地和耕种土地的人。

布伦纳认为，生产力进步缓慢的另一个原因是劳动力流动和土地所有权方面的障碍。领主对农民的控制造成了一种捕获的局面，在这种局面下，领主更容易加强施加给农民的压力，以增加他们的收入，而不是进行艰难而不确定的生产重组。农民也不能自由地将自己耕种的土地转让给其他效率更高的农民，这就阻碍了更大地产的形成。

一方面，剩余财产集中在领主手中，领主远离生产过程，对剩余财产进行非生产性利用；另一方面，生产要素无法自由流动。这是封建主义生产率低下的两个决定性原因。它们相辅相成——对农民施加压力是增加贵族收入的一种简单办法，它

[①] Perry ANDERSON, *Lineages of the Absolutist State*, N. L. B., Londres, 1974, p. 31.

第四章 技术封建主义假说

反对贵族解放农民的任何愿望；但这种压力剥夺了生产者进行投资所需的资源，阻碍了生产过程的改进。

布伦纳的方法遵循唯物主义，但不是机械主义，历史进程没有终点，农民反抗领主统治的斗争的结果也不确定。[①] 在整个中世纪，围绕徭役水平、酬金、迁徙自由和土地控制权的斗争一直持续不断。14世纪，农业生产率下降，人口受到一系列瘟疫的侵袭，三分之一到二分之一的人口死亡。这种人口冲击导致阶级对抗重新抬头，在随后的几个世纪里，法国、东欧和英国出现了不同的后果。在法国，农民斗争的胜利导致了独立小农的统治。在东欧，对农民的镇压导致了农奴制的复兴。而在英格兰，农民的失败导致他们被驱逐出土地，并且由领主租给农民的大片庄园建立。土地所有者和企业家农民之间的这种新伙伴关系建立在广泛的市场依赖之上。农民雇佣受薪工人并被鼓励投资，注入投资和创新的动力，这是资本主义的标志。布伦纳认为，这为工业发

[①] 最近关于强迫劳动的经济理论并没有否定布伦纳的论点。劳动力的相对稀缺与强迫劳动之间存在两种相互矛盾的效应。一方面，劳动力的稀缺性增加了劳动力的价值，它提高了生产价格，从而增加了努力的价值，这就鼓励了强迫劳动。另一方面，劳动力稀缺增加了非强制部门的边际劳动产品，从而增加了强迫劳动之外的机会。因此，脱离强迫劳动的相对成本趋于下降，这意味着强制程度和强制成本一定会提高，从而趋于抑制强迫劳动。简而言之，价格机制使得劳动力稀缺对强迫劳动动机的影响无法确定。这一结论与一种观点不谋而合，这种观点认为，归根结底，是政治冲突决定了社会结构的转变和相应的经济动态。参见：Daron ACEMOGLU et Alexander WOLITZKY, «The economics of labor coercion», *Econometrica*, vol. 79, n° 2, 2011, p. 555-600。托马斯·皮凯蒂（Thomas Piketty）在反对罗伯特·布伦纳的文章中写道："大瘟疫之后劳动力的相对稀缺经常被用来解释农奴制在西欧的终结（有时也用来解释农奴制在欧洲大陆东部的明显强化，但这并不十分一致）。"参见：Thomas PIKETTY, *Capital et idéologie*, Seuil, Paris, 2019, chapter II。

技术封建主义

展创造了必要的条件。

封建主义、奴隶制和资本主义

从这个角度来看，决定封建主义结构的逻辑并不在于封臣和封建主之间的法律关系。它的重点也不在于市场交换的低优先性或封建主资本的出现。这并不是说这些方面不重要。在很多方面，它们其实是封建主义空间和时间变化的关键因素，但这些因素不足以把封建主义定义为一种生产方式。

生产方式的组合方法。生产方式是特定社会规模内进行生产的方式。在阶级社会中，它总是以下要素的特定组合——第一，劳动过程，工人自主或从属地使用生产工具和改造劳动对象；第二，占有关系，非生产者获取经济剩余份额的方法。[1] 这些关系的构造方式因生产方式而异，从而导致不同的经济、社会和政治动态。

历史学家居伊·布瓦（Guy Bois）撰写了一本有关中世纪末期诺曼底经济的专著，他将封建主义概括为一种生产方式："它是小规模个体生产的霸权（以及这种霸权所预示的生产力水平），加上源于政治（或经济之外）的约束所确保的领主征税。"[2] 这句话

---

[1] Étienne BALIBAR, «Sur les concepts fondamentaux du matérialisme historique», in Louis ALTHUSSER et al., *Lire le Capital* [1965], PUF, «Quadrige Grands textes», Paris, 2008, p. 433–442.

[2] Guy BOIS, «Crise du féodalisme: économie rurale et démographie en Normandie orientale du début du XIVe siècle au milieu du XVIe siècle», *Cahiers de la Fondation nationale des sciences politiques*, n° 202, 1976, p. 355.

第四章 技术封建主义假说

提出了在马克思那里已经存在的四个基本要素：

（1）小规模生产的霸权对应着直接生产者个体拥有"进行工作和生产其生活资料的必要物质手段"。

（2）这类小规模生产的霸权所预示的生产力水平，指的是缺乏社会化的生产合作。生产者"独立地经营他的农业和与农业结合在一起的农村家庭工业"①*。这种社会化生产方式的视野局限于个体生产领域带来的相对安全感。

（3）领主税收造成土地所有者和独立生产者之间的紧张关系。

（4）正是武力和强制的介入，使得这种紧张关系得以消除。在没有约束的情况下，独立生产者没有理由同意征收领主税：

> 在这些条件下，要从小农身上为名义上的地主榨取剩余劳动，只能通过超经济的强制，而不管这种强制采取什么形式。……所以这里必须有人身的依附关系，必须有不管什么程度的人身不自由和人身作为土地的附属物对土地的依附，必须有本来意义的依附制度。……②**

---

① Karl MARX, *Le Capital. Livre III. Le procès d'ensemble de la production capitaliste*, Nouvelle frontière, Montréal, 1976, p. 716-718.

* 译文引自：马克思. 资本论：第 3 卷. 2 版. 北京：人民出版社，2004：893。——译者注

② Karl MARX, *Le Capital. Livre III. Le procès d'ensemble de la production capitaliste*, Nouvelle frontière, Montréal, 1976, p. 716-718.

** 译文引自：马克思. 资本论：第 3 卷. 2 版. 北京：人民出版社，2004：893-894。——译者注

我们可以利用这些要素来概括生产方式的类型学，从而突出封建生产方式区别于现代奴隶制和资本主义雇佣劳动的特征。

财产、劳动力和剩余的分配。首先，让我们强调一下封建主义、奴隶制和资本主义的共同之处。在这三种形态中，至少都有一部分对生产至关重要的资产的合法所有权被某个统治阶级垄断。在封建主义中，封建领主垄断的是土地，直接生产者只拥有生产其生活资料所需的工具。在资本主义和奴隶制中，所有生产资料都属于统治阶级。一个阶级对生存条件再生产所必需的资产的这种合法垄断，是占有剩余（即直接生产者应得之外的剩余劳动）的基础。

第二个层面跟工作有关。在封建主义和奴隶制中，工人都不自由，生产者与主人之间存在着某种形式的强制。而在资本主义中，无产者被视为"自由的"，他们可以将自己的劳动能力卖给自己选择的人。他们必须这样做才能生存，所以他们依赖于一般的资本家，但他们可以选择自己特定的资本家。人与人之间没有直接的依附关系。

第三个层面涉及劳动过程本身。在资本主义和种植园奴隶制之下，工人从属于生产资料的所有者。他们组织劳动，确定劳动节奏，并赋予劳动以集体特征。"种植园"（plant）一词在英语中的意思是"工厂"，它表明了奴隶制种植园的集体劳动组织与资本主义工业之间的这种联系。18世纪末的甘蔗种植园和19—20世纪的产业工厂的密切协调的劳动组织都具有精确校准

第四章　技术封建主义假说

工作量和服从机械节奏的特点。① 封建主义的情况并非如此。在那里，生产者独立存在，只要服从主人在服务或报酬方面的要求，就可以随心所欲地工作。这种（相对）自治是生产资料部分垄断的必然结果。领主只授予他们土地使用权，农民则拥有其他生产资料，比如工具、建筑物和牲畜。

第四个层面涉及剩余的分配，也就是工作与剩余劳动的关系。在资本主义和奴隶制中，统治阶级占有的劳动和剩余劳动在"空间和时间上"存在重合，封建主义则不然。② 为了领主的利益而进行的剩余劳动以徭役或报酬的形式呈现，但总是在不同的时间和空间中进行，这使得剥削具有一目了然的特征：

> 剩余价值和别人无酬劳动的一致性在这里不需要加以分析，因为这种一致性还以其可以看得见的明显的形式而存在着，直接生产者为自己的劳动和他为地主的劳动在空间和时间上还是分开的，他为地主的劳动直接表现在为另一个人进行的强制劳动的野蛮形式上。③*

---

① Robin BLACKBURN, *The Overthrow of Colonial Slavery*, *1776 - 1848*, Verso, Londres/New York, 1988, p. 8.

② Étienne BALIBAR, «Sur les concepts fondamentaux du matérialisme historique», *loc. cit.*, p. 451-452.

③ Karl MARX, *Le Capital. Livre III. Le procès d'ensemble de la production capitaliste*, *op. cit.*, p. 716-718.

* 译文引自：马克思. 资本论：第 3 卷. 2 版. 北京：人民出版社，2004：895。——译者注

生产力动态。第五个也是最后一个层面涉及前四个坐标结合之后的生产力动态。

与资本主义不同,在奴隶制和封建主义下,并不存在通过引进节省劳动力的技术来提高生产力的系统性趋势。这有几个原因。

首先,如我们所见,在封建主义框架内,直接生产者的投资手段几乎为零。当工作主要受到武力压制时,他们就没有动力去合作改进生产过程。①

第二个障碍是地主缺乏节约劳动力的动力。无论是封建地主还是奴隶主,他们都不给工人发工资,所以没有什么可节省的。② 虽然"资本家可以而且确实通过从生产中'驱逐劳动力'以应对价格下跌——要么减少生产,要么引入节省劳动力的机制",但奴隶主无法在不冒资本损失风险的情况下处置他们的劳动力。因此,他们没有节约劳动力的动力,相反,他们会最大限度地使用劳动力。他们对价格下跌的反应是增加产量并增加奴隶的工作直到奴隶精疲力尽。这与封建领主尝试的方式相同,后者在产量下降时增加征税。通常,两者都不会投资节省劳动

---

① 在这种结构中,"武力在影响工作的质量和规律性方面只能起到有限的作用,而更需要运用复杂和多样化的工具来进行管理"。参见:Robert BRENNER, «The origins of capitalist development: a critique of neo-Smithian Marxism», *New Left Review*, vol. 1, n° 104, 1977, p. 36。

② 查尔斯·波斯特(Charles Post)以美国的奴隶种植园为背景分析了这一问题:"奴隶作为生产的恒定或固定要素进入生产过程,因此种植园主必须承担不灵活的成本,以确保劳动力的再生产。"参见:Charles POST, *The American Road to Capitalism. Studies in Class: Structure, Economic Development and Political Conflict, 1620–1877*, Brill, Leyde, 2011, p. 146–147。

力的机器和工具。

自给自足的趋势，即对市场的有限利用，是阻碍奴隶社会生产力提高的第三个因素。奴隶主有兴趣长期使用奴隶，而不是仅仅在棉花或甘蔗种植最繁忙的时节。因此，奴隶们还受雇从事其他工作，如种植玉米、养猪或者制作或修理物品，这样种植园在很大程度上就能自给自足，尤其在粮食方面。缺乏对生产资料的投资，再加上消费品的需求不足，往往会阻碍分工的深化和本地产业国内市场的扩大。不仅种植园的生产力停滞不前，当地经济也失去了出路。

直到11世纪左右，自给自足的原则对于领地的运作仍然至关重要。杜比写道："主人的理想是从他们的土地上获取满足他们所有需求的东西，并'确保无须'从别处获取或购买任何东西。"[1]这是后来封建农民的真实写照，大体上也是小农的真实写照。

当领地的赋税负担减轻，农民变得更加独立时，直接生产者就拥有了超出其生存所需的资源。于是，他们按照自给自足的逻辑，通过扩大自己的活动范围来利用这些剩余以满足新的需要，而不是为了交换而投资改进生产过程。

为什么满足内部需求的原则优先于生产效率原则？很简单，因为自我生产比交换的风险更小。当生产者能够直接获得维持生计的手段时，他们就不会被迫遵守市场纪律及其不确定性。

---

[1] Georges DUBY, *L'Économie rurale et la vie des campagnes dans l'Occident médiéval*, *op. cit.*, p. 115.

因此,"小农鼓励个体化、非专业化的生产"①。由于不普遍依赖市场,小农的多样化逻辑与资本主义的利润投资逻辑截然不同,后者通过专业化来提高生产效率。

因此,资本主义逻辑似乎是一种特殊结构的结果。它采取普遍市场生产的形式——生产资料(如劳动力)可以自由交换,并且必须根据当时的生产力水平加以使用。布伦纳解释说,在这种社会财产关系的重组中,对市场的普遍依赖使得投资和创新成为必须履行的义务:

> 只有当劳动力从生产资料所有权中分离出来,工人从任何直接的统治关系(如奴隶制或农奴制)中解放出来,资本和劳动力才能"自由"结合,达到尽可能高的技术水平……只有在自由工资劳动之下,单个生产单位……才有义务为买而卖,为生存和再生产而买,并最终进行扩张和创新,以保持相对于其他竞争生产单位的地位。只有在这样的体系中,资本和劳动力因此成为商品——这就是马克思所说的"一般商品生产",才有必要按照"社会必要"劳动时间的标准进行生产,以便日复一日地生存下去,并超越这一生产力水平,以确保这种生存的持续性。②

---

① Robert BRENNER, «The origins of capitalist development: a critique of neo-Smithian Marxism», *loc. cit.*, p. 36.

② Robert BRENNER, «The origins of capitalist development: a critique of neo-Smithian Marxism», *loc. cit.*, p. 32.

最后，让我们总结一下构成封建主义逻辑结构的主要要素：

（1）统治关系在政治和经济上有着千丝万缕的联系，这种联系具体体现在"统治权"这种核心制度之中，在这里，对人的权力与对土地的权力混在一起。

（2）存在一种财富集中和消费的一般原则，根据这一原则，"所有轴心都向一个强大而挥霍无度的贵族阶层靠拢"，将"农业扩张带来的所有新收入都集中在领主手中"，并"将其转用于奢侈消费"。[①]

（3）贵族对大多数人的经济剥削使用强制手段，而不是以服务换取保护的契约安排，这种安排的前提是双方之间存在某种形式的对称。更确切地说，贵族征税以掠夺逻辑为基础，是一种诉诸暴力来延长不平等状况的占有性分配机制。

对种植园奴隶制、封建主义和资本主义这三种生产方式进行综合分析，可以突出每种生产方式的独特性（表4-1）。封建主义生产方式有三个显著特点——直接生产者对部分生产工具的所有权；他们在组织工作过程中的自主权，这些工作过程基本上是单独和分散的；最后是与工作过程本身相关的世袭征税的不连续性。虽然它与资本主义生产方式毫无共同之处，但与奴隶制一样，它也由劳动的不自由和缺乏系统性提高生产力的动力所致。因此，与资本主义不同，封建主义不是生产主义。

---

① Georges DUBY, *L'Économie rurale et la vie des campagnes dans l'Occident médiéval*, op. cit., p. 228.

技术封建主义

表4-1 生产方式的组合：奴隶制、封建主义和资本主义

	奴隶制	封建主义	资本主义
生产资料	奴隶主垄断	土地归领主所有，工具归依附于领主的直接生产者所有	资本家垄断
劳动	不自由	不自由	自由
劳动过程	服从与合作	独立且个体化	服从与合作
榨取剩余	与生产相一致	脱节	与生产相一致
生产率	低	低	动态

我希望通过分析封建主义的特点，能够更好地理解当代资本主义的变革。在商品化生产已经普遍存在的社会中，我们是否能够识别出封建主义逻辑的悖论式复苏形式？

技术封建主义的逻辑

捕获而非组织生产，裁决死亡而非管理生命。

——吉尔·德勒兹（Gilles Deleuze）[1]

维克多·迈尔-舍恩伯格（Viktor Mayer-Schönberger）和托马斯·拉姆格（Thomas Ramge）的著作《数字化》的英文标题被译为《大数据时代的资本主义重塑》（*Reinventing Capitalism*

---

[1] Gilles DELEUZE, «Post-scriptum sur les sociétés de contrôle», *Pourparlers*, Minuit, Paris, 1990, p. 240.

in the Age of Big Data）。他们的论点是，大数据、算法和人工智能的结合正在从根本上改变市场的运作方式。一方面，与传统市场相比，数据可以为交易提供更丰富的信息。另一方面，算法为参与者的决策提供支持，使他们能够摆脱认知偏见，采取更加一致的行为。

得益于有关产品和偏好的海量数据，得益于能够在多种配置中检查潜在交易的算法，匹配过程变得更加微妙。个性化购物推荐系统、BlaBlaCar 上基于对话愿望的旅客匹配、大型企业初始招聘阶段的自动化以及价值链中中间产品的自动订购都说明了这一点。

数据和算法在很大程度上取代了交易中的价格信号："数据丰富的市场最终会产生理论上市场本应做到的结果——实现最佳交易。然而，由于信息的局限性，情况并非如此。"[1] 货币保留了它作为支付手段和价值储藏手段的作用，但大量指标补充了价格信号，丰富了经济信息。

迈尔-舍恩伯格和拉姆格的方法为批判市场体系开辟了有趣的视角，并间接地帮助我们重启有关经济计算和规划未来的辩论。[2] 但它并没有解释之前提出的问题——建造坚不可摧的垄断

---

[1] Viktor MAYER-SCHÖNBERGER et Thomas RAMGE, *Reinventing Capitalism in the Age of Big Data*, Basic Books, New York, 2018, p. 7.

[2] Cédric DURAND et Razmig KEUCHEYAN, «Planifier à l'âge des algorithms», *Actuel Marx*, vol. 1, n° 65, 2019, p. 81 – 102; Evgeny MOROZOV, «Digital socialism? The calculation debate in the age of Big Data», *New Left Review*, n° 116 – 117, 2019, p. 33 – 67.

堡垒，与算法的有用力量相结合的普遍监控，以及投资和增长疲软……然而，我们必须努力弄清的恰恰是这些问题。

一种方法是将这些现象归结为资本主义的普通规律。资本的中心化、集中和贬值都是积累博弈的一部分。因此，没有必要引入新的分析框架来解释创新和竞争带来的产业结构变化。

马克思主义和熊彼特传统无疑拥有分析这些过程的强大理论工具。例如，安瓦尔·沙伊赫（Anwar Shaikh）提出的"真正竞争"概念试图解释利润目标如何导致资本之间的对抗，对抗的起伏则揭示了反复出现的模式。[1] 从另一个角度看，长波传统被用来将数字经济繁荣视为一种新的技术经济范式。[2] 因此，它与围绕石油和汽车、钢铁和电力，或更早围绕铁路和棉纺织业建立起来的其他资本主义结构如出一辙。当前的困境在于缺乏建立繁荣阶段所需的制度。

叶夫根尼·莫罗佐夫警告我们，如果我们过度夸大数字变革的激进性，我们可能使传统资本主义批判形式失去效力。[3] 工

---

[1] Anwar SHAIKH, *Capitalism: Competition, Conflict, Crises*, Oxford University Press, Oxford, 2016.

[2] Christopher FREEMAN et Francisco LOUÇÃ, *As Time Goes By*, *op. cit.*; Carlota PEREZ, «Technological revolutions and techno-economic paradigms», *loc. cit.*

[3] Evgeny MOROZOV, «Critique of the techno-feudal reason», *New Left Review*, n° 133-134, 2022, p. 89-126. Sterenn LEBAYLE et Nicolas PINSARD, «L'économie numérique: une involution du mode de production capitaliste?», *Revue de la régulation*, n° 30, 2021, et Jathan SADOWSKI, «The internet of landlords: digital platforms and new mechanisms of rentier capitalism», *Antipode*, vol. 52, n° 2, 2020, p. 562-580. 另参见对这些批判的回应：Cédric DURAND, «Scouting capital's frontiers», *New Left Review*, n° 136, 2022, p. 29-39。

第四章 技术封建主义假说

作与剥削、矛盾与危机等问题将被搁置一旁,转而关注隐私和竞争性政策的问题。莫罗佐夫的担忧是合理的,但我们也需要避免相反的陷阱。娜塔莉·昆塔妮(Nathalie Quintane)写道,这种陷阱会导致我们将"正在进行的变革相对化,只识别和强调其中被认可的东西,视其为常规——切断它们的爪牙"①。

在此,我选择从一对经典概念入手——马克思所称的"生产关系"(即人们在社会生活生产中形成的那些确定的、必然的和独立于他们意志的关系②),以及与之相关联的"生产力"(即在这个社会存在的生产中调动起来的资源、技术和知识)。

但这是在试图回答一个新问题。这大体上就是哲学家麦肯齐·瓦克(McKenzie Wark)提出的问题,她想知道"在资本主义生产方式之上和之外出现的东西是否有质的不同,是否正在产生新形式的阶级统治、新形式的剩余价值榨取,甚至新类型的阶级形态"③。瓦克的观点非常笼统。除了与资本-劳动关系和土地所有权相关联的现有生产关系之外,她还在黑客阶段和"向量阶级"之间加入了新的对立。黑客阶级生产信息,但无法将其价值化,而向量阶级拥有信息载体,因此集中了价值化

---

① Nathalie QUINTANE, *Un œil en moins*, P. O. L, Paris, 2018, p. 373.
② Karl MARX, *Contribution à la critique de l'économie politique. Introduction aux Grundrisse dite «de 1857»*, trad. Guillaume FONDU et Jean QUÉTIER, Éditions sociales, Paris, 2014, p. 63.
③ McKenzie WARK, «Et si ce n'était même plus du capitalisme, mais quelque chose d'encore bien pire?», trad. Yves CITTON, *Multitudes*, vol. 1, n° 70, 2018, p. 76-81.

的能力。

我与瓦克的论点的不同之处在于,我并不认为信息即将成为主要的价值生产方式。非正统经济学家邓肯·弗利(Duncan Foley)提醒我们,这种前景只是海市蜃楼:

> 提高效率的效应会造成一种错觉,即以信息和知识为基础的商品生产可以创造价值,除了人类的创造力和聪明才智之外,不需要任何投入。但知识和信息的创造者是人类,他们需要食物、睡觉的地方、衣服等等。①

使用"再封建化"这个概念也需要谨慎一点。当然,它与中世纪欧洲和日本的同构性是间接的和不完全的。居伊·布瓦认为,封建主义的定义核心是"小规模个体生产的霸权",这显然已经过时。在21世纪,劳动分工没有退化,社会生产合作也没有退缩。相反,技术封建主义是欧内斯特·曼德尔(Ernest Mandel)所定义的"劳动日益客观社会化"的结果,是"工业革命以来资本主义发展的基本历史趋势"。② 我们生活的每一分钟都融入了这个生产相互依存的紧密网络,它让我们能够吃到别人种植和运输的食物,用别人建造和管理的发电站取暖,通

---

① Duncan K. FOLEY, «Rethinking financial capitalism and the "information" economy», *Review of Radical Political Economics*, vol. 45, n° 3, 2013, p. 165.
② Ernest MANDEL, «In defence of socialist planning», *New Left Review*, vol. 1, n° 159, 1986, p. 5–22.

第四章 技术封建主义假说

过电信进行通信等等。我们现在不仅要维护传统印刷品形式的信息网络,更要维护那些我们知晓各种复杂维护手段的电子网络。随着我们的在线生活时间越来越多,这些社会联系的复杂性也相应增加。

在我看来,一旦我们认真对待地租问题,数字技术的政治经济学就变成了一种技术封建主义逻辑。如今,数字地租的概念非常普遍,甚至在新自由主义经济学家让·梯若尔(Jean Tirole)的著作中也可以找到它的影子。[1]

尽管对劳动力的剥削在全球剩余价值的形成过程中仍然发挥着核心作用,但当前的特殊性在于资本利用捕获机制,从这个全球性的剩余价值总量中获利,同时又可以减少其对剥削的直接参与并脱离生产过程。这正是此处"地租"的含义。[2]

资本主义的核心动力是与竞争相关的投资需求和对市场的广泛依赖。但无形资产的崛起正在颠覆这一传统逻辑。随着数字资产与其用户变得密不可分,个人和组织的流动性受到阻碍。

---

[1] Jean TIROLE, *Économie du bien commun*, PUF, Paris, 2016, p. 526.

[2] 经济学中的"地租"是一个经典概念,与不同的传统都有关系。大卫·哈维从马克思主义的角度提出了地租理论,参见:David HARVEY, *The Limits to Capital*, *op. cit.*, chapter XI. 最近,迪潘卡尔·巴苏(Deepankar Basu)在《马克思的地租分析:理论、实例与应用》一文中对马克思的地租概念进行了系统性研究,参见:Deepankar BASU, «Marx's analysis of ground-rent: theory, examples and applications», *UMASS Amherst Economics Working Papers*, n° 241, 2018. 公共选择(Public Choice)学派从一个截然不同的角度广泛使用了这一概念,参见:Matthew D. MITCHELL, «Rent seeking at 52: an introduction to a special issue of public choice», *Public Choice*, vol. 181, n° 1, 2019, p. 1-4。

这种依附性打破了竞争态势，使那些控制无形资产的人比竞争对手更具优势，无须真正投入生产即可获取价值。于是，一种捕获关系占据着统治地位。在这种状况下，投资的目的不再是发展生产力，而是发展掠夺的力量。我们来仔细看看这个问题。

数字化成本结构

征服网络空间的战略包括控制数据流——接入我们的电话和电脑、机床和车辆的传感器、我们家中的传感器等。就像油井一样，个人和组织活动产生的数据并不是无穷无尽可以捕捉的。[1] 在吸引我们的注意力方面也是如此。因此，原始数据存在绝对稀缺性。

当然，限制数据和软件使用的知识产权也是导致稀缺性的因素。但这些权利往往巩固了已有的地位。第三章描述的知识垄断逻辑的运作不只是局限于法律手段。数据提取处是战略要地，从这些地点涌现出来的信息流汇聚到它们集中的地方，从而产生有用的效果。这就是谷歌模式。

同时，复制信息的成本几乎为零，这是数字世界的特点。尽管原始数据非常稀缺，但复制成本却非常低。这种成本主要与能源有关。从总量上看，数据中心的耗电量不容忽视，但仍然有限。2021年，数据中心（不包括用于生产加密货币的数据

---

[1] Yves CITTON, *Pour une écologie de l'attention*, Seuil, Paris, 2014.

第四章　技术封建主义假说

中心)和数据传输网络的耗电量占全球耗电量的 2%～2.7%,这一比例从未如此之高。自 2010 年以来,信息成本仅略有增加。① 从细分层面来看,这种成本难以察觉,以至于随着数字技术的普及,信息变得非常丰富。

在数字领域,数字资源与自然资源之间存在着巨大的差异。与土地的绝对稀缺性关联的垄断被收益递减所抵消,而对原始数字数据的垄断则因规模经济和网络互补性而加倍。② 一旦数据收集和处理的固定成本得到满足,数字服务的有用效果几乎可以无成本地利用。为了理解真实竞争的波动逻辑,安瓦尔·沙伊赫提出了"监管资本"的概念。③ 这一概念指的是在特定时期特定行业最佳可复制生产条件下运作的资本。这种资本受益于最有利的单位成本水平,并能在同样有利的条件下继续增长。

在回报率不断下降的采矿业或农业中,监管资本面临着高于平均成本的单位成本。剩下的投资机会不如已经在运作的投资机会有吸引力。例如,从沙特阿拉伯油田开采石油的成本约为每桶 4 美元,而最近从艾伯塔省焦油砂中开采石油的成本为

---

① IEA, *Data Centres and Data Transmission Networks*, International Energy Agency, Paris, 2022. 然而,从温室气体排放和与材料有关的污染两方面来看,整个行业对环境的负面影响越来越大,令人担忧。参见:Charlotte FREITAG *et al.*, «The real climate and transformative impact of ICT: a critique of estimates, trends, and regulations», *Patterns* 2, n° 9, 2021; Fabrice FLIPO, *La Numérisation du monde: Un désastre écologique*, L'Échappée, Paris, 2021.

② 收益递减原则指生产要素的边际收益递减的情况。相反,规模经济指的是活动量增加导致效率提高的情况,一般是由于固定成本的摊销。

③ Anwar Shaikh, *Capitalism*, *op. cit.*, p. 265 - 267.

每桶40美元。相反，就汽车业等制造业而言，新工厂采用了更高效的技术，使其单位成本低于现有工厂。

数字部门的情况如何？这两种动力都不能令人满意地解释追加投资的逻辑。事实上，一旦我们接受原始数据流稀缺性的假设，那么新进入者只能以更高的成本运作，因为相对于它产生的有用效果，可用的新数据源以更高的成本运作。然而，现有企业可从网络互补性中充分获益，这就反驳了以较高成本进入的可能性。对它们来说，增加新的数据源比单独使用新的数据源更能增加有用的效果，从而抵消了额外投资的较高提取成本。

以 Siri 为例。这个使用自然语言语音识别技术的虚拟助手是2000年代在美国国防部的研究资助机构——美国国防部高级研究计划局（DARPA）的资助下，由斯坦福大学下属的一家研究所开发出来的。[①] 该项目名为"会学习和组织的认知助理"（CALO），它是有史以来获得资助的最大人工智能项目。2010年2月，该研究所的一家初创公司对 Siri 进行了短暂开发，几个月后 Siri 被苹果公司收购，很快融入了苹果生态系统，并得到了全面重视。因此，大型数字公司吸收初创公司的资本集中制，不仅是旨在防止出现潜在竞争者的战略理念的结果，也反映了一种经济理

[①] Bianca BOSKER, «Siri rising: the inside story of Siri's origins-and why she could overshadow the iPhone», *HuffPost*, 22 janvier 2013; Wade ROUSH, «Xconomy: the story of Siri, from birth at SRI to acquisition by Apple. Virtual personal assistants go mobile», xconomy. com, 14 juin 2010.

念——由于各种数据来源的互补性和多种算法流程的结合，初创公司开发的流程在大型实体中更有价值。在这里，组织优于市场。

显然，数字技术不同于土地和工业资本等其他生产资料。它的独特之处在于，它将战略数据捕获地的稀缺性与无限增长的回报结合在一起（见表4-2）。而且，我们会看到，这种新的构造破坏了推动资本主义发展的真正竞争过程。

表4-2 不同生产资料的稀缺性和产量：土地、工业和数字技术

	稀缺性	产量
土地	绝对	下降
工业	相对	逐渐增加
数字技术	绝对	逐渐增加并且无限

依赖关系

对大数据和算法的依赖加剧了这种特殊的成本结构。

数据的原始来源有很多，例如生物学家收集的生物多样性数据、气象站产生的数据，乃至人口统计或税收方面的官方统计数据。但祖博夫所谓"大他者"的特点是数据的崛起，它是数字服务的反面。个人和组织愿意放弃自己的数据，以换取算法提供的有用效果。我们在前面看到，这就是强大的反馈循环形成的方式，在这种反馈循环中，日益增加的入侵现象和日益提高的算法性能够相互促进。用硅谷的行话来

说，这就是所谓的"超大规模"(hyperscale)，指的是计算的可扩展性问题。①

这里的基本要素是存在一个相互依存的用户网络。谷歌之所以如此强大，原因与其说是算法的非竞争性使用，不如说是服务之间的协同效应和用户之间的互补性。埃里克·施密特（Eric Schmidt）和贾里德·科恩（Jared Cohen）两位谷歌掌门人用"规模加速"(acceleration to scale)来形容现代技术平台的这种扩张性循环：

> 它们的威力来自增长能力——更具体地说，来自传播速度。除生物病毒外，几乎没有哪样东西能像这些技术平台一样传播得如此迅速、高效和猛烈。②

这种动力的结果是，在服务得到改善的同时，每个人都更密切地参与到由公司控制的世界中。21世纪初，所有伟大的数字成功都由这种动力促成。反之亦然，因为每个人越来越多的参与反过来又提高了数字服务的性能。

为了解释这种动力，经济学家强调交叉补贴的作用，也就

---

① André B. BONDI, «Characteristics of scalability and their impact on performance», in *Proceedings of the Second International Workshop on Software and Performance. Ottawa, Ontario, Canada*, ACM Press, New York, 2000, p. 195.

② Eric Schmidt et Jared Cohen, *The New Digital Age*, *op. cit.*, p. 10.

第四章　技术封建主义假说

是让某类参与者支付高价，以吸引其他支付低价或零价的参与者。① 免费在线内容，比如 marmiton.org 上的菜谱，或谷歌、Booking 或 Fooding 提供的服务，都说明了这一点——消费者从服务中获益，但服务费用由广告商支付。通过"毛细血管作用"，个人聚集到最重要的平台上，然后这些平台成为最有效的平台，集中供给、需求和数据，以优化它们之间的联系。

因此，今天的资本巨头们非常重视传播信息和提高信息质量的节点。换句话说，这些公司向我们出售的服务主要是将我们的集体力量转化为适应我们每个人并与我们每个人相关的信息，而且以这种方式将我们的存在与它们的服务联系在一起。在这一行动中，成功的一个关键是拥有大量的数据，这便产生了规模的问题。

这种超大规模逻辑的骇人之处在于，我们正以极快的速度偏离商业交换的水平原则，而商业交换本应发生在自由达成交易的参与者之间。应用程序的入侵突显了人类生存与网络世界之间的紧密联系。社会生活植根于数字化土壤。现在，个人和组织对数

---

① 经济学家称，"多面市场"是一种需要维持两个或两个以上客户群的市场类型，比如信用卡既需要消费者使用，也需要商家使用。因此，在这些市场上运营的公司必须利用定价策略，在不同类型的用户之间分配成本，从而扩大参与者数量并实现利润最大化。关于这一主题的著作，参见：Jean-Charles ROCHET et Jean TIROLE, «Platform competition in two-sided markets», *Journal of the European Economic Association*, vol. 1, n° 4, 2003, p. 990 - 1029; Jean-Charles ROCHET et Jean TIROLE, «Two-sided markets: a progress report», *The RAND Journal of Economics*, vol. 37, n° 3, 2006, p. 645 - 667; Mark ARMSTRONG, «Competition in two-sided markets», *The RAND Journal of Economics*, vol. 37, n° 3, 2006, p. 668 - 691。

据和算法垄断性控制结构的依赖,构成了数字生产关系的基础。

当然,对于消费者来说,这种限制并不是绝对的。你可以随时决定远离大数据,但这或多或少会造成社会边缘化。综上所述,这种问题("退出成本"的问题)与中世纪农民的问题并无二致。为了摆脱奴役,他们不得不面临逃离封地的危险,并试图在已知世界边界上的一块只属于他们的土地上与世隔绝。

另外,生产者则面临着绝对的约束。任何公司或平台工作者都是数字环境的一部分,该环境必然会接收其活动产生的部分数据,并反过来支持其活动。当然,仍然可以选择更换平台,但网络效应和学习效应如此之强,即使存在替代方案(并非总是如此),即使可以收回数据(这更加罕见),高昂的转换成本也造成了这种闭锁状态,从根本上降低了任何退出的可能。

主要的数字服务是无法摆脱的藩篱。从属主体依赖于数字王国,这种情况至关重要,因为它决定了统治主体获取经济剩余的能力。如我所言,与这种依赖性和控制盈余并存的格局相对应的理论模式就是掠夺模式。我们必须从这一模式入手,才能了解数字生产关系的经济动态和社会冲突制度。

掠夺性监管的可能性

马克思提醒我们,要想在竞争中获胜,就要不断降低商品价格。[①]

---

① Karl MARX, *Le Capital. Livre III. Le procès d'ensemble de la production capitaliste*, *op. cit.*, p. 702.

第四章 技术封建主义假说

具有竞争力是企业盈利的必要条件。不能满足这一必要条件的企业，活动就会失效——亏损不断积累，最终消失。从总体上看，对劳动力的剥削和市场价值的实现都是这一过程的一部分。不过，这场博弈也有一种讽刺意味，正如硅谷大亨彼得·蒂尔所言，个体企业家在竞争中的目标正是逃避竞争：

> 仅仅创造价值是不够的，你还必须捕获你所创造的部分价值。……从根本上说，资本主义和竞争是对立的。资本主义以资本积累为基础，而在全面竞争之下，所有利润都会被消灭。对企业家的启示显而易见……竞争是为失败者准备的。①

邓肯·弗利强调了试图逃离竞争以更好地获取价值所产生的矛盾和对比效果：

> 总体剩余价值量作为资本主义社会关系的无意副产品，从资本家对剩余价值的攫取竞争中产生。它的规模是一个新兴的、偶然的现象，超出了任何个别资本家的影响范围，只取决于更广泛的政治、文化和社会因素。所有资本面临的直接竞争挑战是尽可能多地占有这笔剩余价值总量。某

---

① J. Adam TOOZE, *Crashed. How a Decade of Financial Crises Changed the World*, The Viking Press, New York, 2018, p. 462.

些占有方式会间接增加剩余价值总量,但许多其他方式——包括各种形式的地租生成方式——并不会增加这笔总量。①

换言之,分散资本之间围绕价值占有展开的实际竞争中,一些资本创造剩余价值,另一些资本则满足于通过牺牲其他主体来获取转移性利润。② 因此,从分析的角度来看,单个企业的利润一方面来源于劳动剥削的局部过程,另一方面也来源于纯粹的占有机制。被占有的利润是对资本家通过剥削劳动力集体获得的剩余价值总额的一种征收,它发生在资本所有者内部的分配冲突的终点。它也可能源于工资收入家庭的转移,例如消费贷款的利息。

地租问题同这种与生产承诺脱节的价值占有逻辑直接相关。土地所有权和自然资源是如此,金融部门也是如此。马克思谈到了"工业封建主义"——这是他从夏尔·傅立叶(Charles Fourier)那里借来的一个词。他认为,在法兰西第二帝国时期成立的股份制金融公司——法国不动产信贷公司试图垄断对工业融资的控制权。马克思评论道:他们并非为了进行生产性投

---

① Duncan K. FOLEY, «Rethinking financial capitalism and the "information" economy», *loc. cit.*, p. 261.

② 由斯图尔特(Steuart)发展并由马克思采纳的"转让利润"概念对应着这些转移性利润。参见:Costas LAPAVITSAS, *Profiting without Producing. How Finance Exploits Us All*, Verso, New York, 2014, p. 141 - 147; Anwar SHAIKH, *Capitalism*, *op. cit.*, p. 208 - 212。

第四章 技术封建主义假说

资,而是为了通过股票市场投机来获取利润。他们提出了新想法,将工业封建主义置于股票市场投机的支配之下。①

封建主义指的是食利者(也就是价值捕获系统)的非生产性本质。这种"地租优先于生产逻辑"的观点也适用于无形资产密集型企业,尤其是平台企业。② 数字化活动的兴起提出了竞争性创利过程的可持续性问题。只要资本还在有效竞争,只要消费者还可以求助于不同的生产者,只要资产还可以转让,这个系统就会保持动荡的活力。占有战略和剩余价值生产领域往往会相互平衡。如果占有活动垄断了过多的资本,生产部门就会出现盈利机会,从而吸引新的投资。还存在其他情况吗?利润的创造是否有可能主要用于占有而不是价值生产?如果是这样,在宏观经济层面会产生什么后果?归根结底,问题在于算法时代掠夺性监管现象的出现。

托斯丹·凡勃伦(Thorstein Veblen)的《有闲阶级论》出版于1899年,这是经济学中第一本也是为数不多的专门研究掠

---

① Karl MARX, «The French Credit immobilier», *New York Daily Tribune*, 21 juin 1856, consultable sur marxengels. public-archive. net; Charles FOURIER, *Théorie des quatre mouvements et des destinées générales*, partie 1 [1808], Université du Québec à Chicoutimi, «Les Classiques des sciences sociales», en ligne, p. 176.

② 例如,马蒂厄·蒙塔尔班(Mathieu Montalban)和他的合著者写道:"所有形式资本的目的都是生产(交换)价值以获取利润,而不是提供使用价值,后者只是资本的一种手段。平台凭借中介或'市场组织者'的角色获取部分地租。它们很少真正为资本创造价值,因此它们的活动类似于剩余价值的再分配,而不是价值的创造。"参见:Matthieu MONTALBAN, Vincent FRIGANT et Bernard JULLIEN, «Platform economy as a new form of capitalism: a regulationist research programme», *Cambridge Journal of Economics*, vol. 43, n° 4, 2019, p. 16。

技术封建主义

夺问题的著作。掠夺在资本主义中具有顽强的生命力,这是凡勃伦的基本假设,该假设基于生产体系与垄断获利策略之间的区别,这也是他著作中始终强调的现象。[1] 从这个角度来看,资本收益的最大化并不取决于生产的最大化[2],而是取决于对整个集体的最大控制,这种控制涉及对战略要素——无形资产、专有知识或独家产品——的控制,所有这些都归于商誉(goodwill)这个总称之下:

> 从最广泛的意义上讲,商誉包括已建立的商业关系、诚信声誉、特许权和特权、商标、专利、版权、受法律保护或保密的特殊工艺独家使用权、材料供应来源的独家控制权等。所有这些要素都为所有者带来了不同的优势,但它们并不构成社会的整体优势。它们构成个体的财富(差别财富),但它们不是国家财富的一部分。[3]

---

[1] Thorstein VEBLEN, *The Theory of the Leisure Class*, Oxford University Press, Oxford, 1899; Marc-André GAGNON, «Penser le capitalisme cognitif selon Thorstein Veblen: connaissance, pouvoir et capital», *Interventions économiques*, n° 36, 2007, p. 569.

[2] Thorstein VEBLEN, *The Theory of the Leisure Class*, Oxford University Press, Oxford, 1899; Marc-André GAGNON, «Penser le capitalisme cognitif selon Thorstein Veblen: connaissance, pouvoir et capital», *Interventions économiques*, n° 36, 2007, p. 569.

[3] Thorstein VEBLEN, *The Theory of Business Enterprise*, Gardners Books, Eastbourne, 1904, p. 167.

第四章 技术封建主义假说

在凡勃伦的技术官僚主义构想中，他相信，只要把缰绳交到工程师手中，经济就能确保全体人民的繁荣。他甚至设计了一个由"技术人员苏维埃"管理经济的计划，以服务于最大多数人的物质福利。① 但他感到遗憾的是，工程师从属于生产资料所有者的特殊利益。与他处于同一时代的大多数人都被工业的进步所迷惑，凡勃伦却注意到了工业进步所遇到的障碍。在他看来，商界的主要活动不是组织生产，而是破坏生产过程，各方都在努力更有效地勒索他人：

> 商人的直接目的是在一个或多个环节破坏或阻止工业进程。他的战略通常针对其他商业利益，其目标通常诉诸某种形式的金钱胁迫来实现。②

凡勃伦最深刻的见解之一是他把握了掠夺性阶级形成的现代特征：

> 在工业方法发展到一定效率水平，从而留下值得为之奋斗的盈余之前，掠夺无法成为所有群体或阶级的惯常和便捷的手段。③

---

① Thorstein VEBLEN, *The Engineers and the Price System*, Routledge, Londres, 1921, chapitre IV.
② Thorstein VEBLEN, *The Theory of Business Enterprise*, *op. cit.*, p. 35.
③ Thorstein VEBLEN, *The Theory of the Leisure Class*, *op. cit.*, p. 19.

因此,经济效率和创新并不会阻碍掠夺性规范的兴起。相反,一个社会的经济越发达,它为掠夺提供的空间就越大。这就是技术封建主义假说的前提。

掠夺是一种基于占有的经济分配机制。在掠夺性监管的背景下,如果占有对应的是简单的价值转移,那么总的结果最好是零和博弈;如果掠夺过程本身带来成本和破坏,那么总体结果最坏是负和博弈。佩里·安德森对贵族内部冲突的经济动态与资本主义之间竞争的经济动态进行了比较,历史对比变得清晰起来:

> 资本主义内部的竞争是一种经济形式,其结构是典型的累加式。竞争对手们可以同时扩张并繁荣起来,尽管程度不同……,因为制造品的产量本质上是无限的。封建内部的竞争则是一种军事形式,其结构是战场上的零和博弈,固定的土地会被赢取或失去。土地是一种自然垄断品,它不能无限扩展,只能重新分配。①

与寄生状态不同,掠夺涉及掠夺者与受害者之间的统治关系。② 因此,根据这种区别,扒手不是掠夺者,黑帮教父才是。在经典的军事冲突之下,统治地位通过一方战胜另一方并获取

---

① Perry ANDERSON, *Lineages of the Absolutist State*, *op. cit.*, p. 31.
② Mehrdad VAHABI, *The Political Economy of Predation*, *op. cit.*, chapitre I.

第四章 技术封建主义假说

胜利所带来的资源来事后确定。但是,如果不对称性在事前就已经存在,那么我们就处于"掠夺者-猎物"的狩猎模型之中。

这种狩猎模式有两种变体。在第一种情况下,猎物被消灭或驱逐,然后掠夺者大体上充当侵略者的角色。种族清洗行动就是这种情况,侵略者侵占目标人口的土地和财产。在第二种情况下,掠夺者可能以保护者的面目出现。例如,在古代奴隶制中,掠夺者会修正自己的行为,以降低监视的成本,确保猎物通过逃离所能获得的相对收益减少。因此,征服逻辑与财产逻辑之间存在着某种形式的连续性。[1]

迈赫达德·瓦哈比解释说,在狩猎型掠夺关系中发挥关键作用的是掠夺者和猎物之间事先存在的不对称性:"当猎物和掠夺者之间事先建立起统治关系时,只有掠夺者才能同时扮演攻击者和保护者的角色,而猎物只能通过逃跑来保护自己,但无法对攻击做出反应。"[2]

首先,占用成本、支配成本和退出成本是思考数字技术经济动态的适当范畴。在这里,占用成本指的是推动超大规模增长所需的初始投资。对于初创企业来说,这些都是固定成本,例如算法设计和界面开发。就收购而言,这是公司为获得新的战略性数字地位而支付的成本。在这两种情况下,这些都是沉

---

[1] 正如狩猎与放牧之间存在某种形式的连续性一样。参见:Grégoire CHAMAYOU, *Les Chasses à l'homme. Histoire et philosophie du pouvoir cynégétique*, La Fabrique, Paris, 2010, chapitre III。

[2] Mehrdad VAHABI, *The Political Economy of Predation*, op. cit., p. 100.

没成本，因为如果项目融资失败，投资基本上就损失了。

其次，统治与算法治理及其监测、预测和控制行为的政治维度密切相关。无论我们谈论的是消费者、工人还是全球价值链中的属下资本，信息系统与实践的连接方式都建立起支配地位，这是一种幽灵般的存在，给那些控制它们的人带来了结构性优势，尤其是通过数据的中心化。

最后，对数字技术的依赖现已成为个人和组织的社会生存条件。这种依附性的另一面是逃避的高昂成本，从而导致被捕获情况的普遍化，阻碍了竞争活力。

在数字政治经济学中，将掠夺而不是生产视为主要模式会引发更多问题，而不是解决问题。从宏观经济动态的角度来看，这表明用于保护和扩大数字地租控制权的投资优先于生产性投资。这清楚地表明了新兴生产方式的反动性。

结　论

社会化的幸与不幸

　　经过三十年的事后观察，"硅谷共识"最初的直觉依然存在。伴随信息技术崛起的变革触动了生产方式的根基，动摇了它的基本原则。然而，技术资本主义的乐观主义曾许诺会带来振兴的良方，事态的发展却揭示了一种退化。数字技术的崛起正在颠覆竞争关系，转而支持依赖关系，扰乱了整体机制，并有使掠夺盖过生产的趋势，催生了我所说的技术封建主义。

　　人们再次提出战胜资本主义的问题，这不仅仅是因为它的影响，例如财产集中度日益增长的政治爆炸性，或者这种发展模式将我们推向的生态僵局。这种制度本身的逻辑正在发生质的转变。借用凡勃伦的观点，数字巨头们的运作本质上是一种破坏行为，它们将信息力量导向有利于"圈地工具"的一面。正如我们在价值链中看到的知识产权垄断现象一样，这种社会经济的重新排序已经超越了科技领域，涵盖了所有活动领域。

技术封建主义

在这不断变化的形势中，飘荡着 20 世纪 80 年代黑客的精神："现在是我们的世界……电子和交换机的世界。"[1] 然而，理论和政治批判还只是初露头角。知识垄断攫取租金的渠道是什么？[2] 它们如何与金融体系，尤其与将其集中化的巨型投资基金联系在一起？它们如何从"鼠标工人"、零工经济[3]和更古老的雇佣劳动形式的剥削中牟利？谁是猎物，以及在哪些条件下，他们的主体性可以汇聚成另一股社会力量？这些问题仍然需要探索。

因此，确定当代资本主义的质变仅仅是个开始，但它足以引发强大的视差效应，同时打击自由主义谬论及挑战其唯一真正的对手——马克思主义传统。

从自由主义的角度来看，数字经济问题是一个令人头疼的意识形态问题。对于那些将竞争视为内在良性机制的人来说，监管机构必须拆除数字堡垒，以恢复良性竞争。该领域的重要公司都正确地强调，困难在于数字世界的反馈循环力量会产生中心化。因此，任何碎片化的做法都意味着对使用价值的破坏，因为数据池的减少会导致算法不够灵活，最终导致用户使用的

---

[1] THE MENTOR (Loyd Blankenship), «The conscience of a hacker», 8 janvier 1986, en ligne.

[2] Cecilia RIKAP, *Capitalism, Power and Innovation. Intellectual Monopoly Capitalism Uncovered*, Routledge, Londres, 2021.

[3] 所谓"零工经济"指小工经济，参见：Antonio A. CASILLI, *En attendant les robots. Enquête sur le travail du clic*, Seuil, Paris, 2019; INTERNATIONAL LABOUR ORGANIZATION, «Digital labour platforms and the future of work: towards decent work in the online world», *ILO Report*, Genève, 2018.

结　论　社会化的幸与不幸

设备不够方便。换句话说，当代经济的核心逻辑——消费者效用，正在阻碍反垄断的复兴，而反垄断的复兴本身又受到新兴巨型公司对我们社会构成的真实威胁的刺激。

我们正面临着一个竞争政策无法阻止的累积过程。随着这种数字资产的中心化，正在形成的情景不禁让人想起经济学家约翰·斯图尔特·穆勒（John Stuart Mill）设想的情景——一个国家的所有土地都属于一个人。在这种情况下，"全体人民的生活必需品都依赖于他，因此土地所有者可以随心所欲地强加条件"①。这种对数字所有者的普遍依赖是数字经济的前景，是自由主义在算法时代吃人的未来。

从马克思主义的角度来看，资本主义生产方式的技术封建突变并不意味着对自由主义的打击残酷且无效。相反，这是一场惨胜。社会化的历史趋势得到证实，但乍一看，它却呈现出破坏性的狰狞面目。

事实上，市场关系日益深化，我们的生活越来越依赖于社会分工。基金经理手中金融资源的集中使所有权更具集体性，无法逆转地将对劳动过程的控制权从获取经济剩余的权利中分离出去。然而，最重要的是，通过对海量数据进行算法处理，生产和消费模式变得越来越可理解，同时也越来越可塑。生活

---

① John Stuart MILL, *Principles of Political Economy* [1848], livre 2, chapitre XVI, in *Collected Works of John Stuart Mill*, vol. 2 et 3, University of Toronto Press/Routledge, Toronto/Londres, 1965, p. 416.

的最微小片段也逐渐被纳入数字回路，并融入一种共同的语法对象化的过程中，适用于所有社会参与者。

人类文明正沿着一道山脊走向完全归属于资本的无望时刻。在山脊的一边是陡峭的岩石斜坡，那是马克思在《资本论》书稿中所设想的灾难性衰落："科学这一社会发展的普遍产物在直接生产过程中的应用，表现为资本的生产力，而不是劳动的生产力……，在任何情况下都不是单个工人或以联合方式介入生产过程的工人的生产力。"[1] 通过否定自主性和创造性活动，个人和集体的主体性被割裂开来。工作陷入了这种神秘感，个人什么都不是，资本才是一切。与工作相关的痛苦在当代肆虐，部分原因就是这种不满情绪，它削弱了主体，使他们脱离了现实。

这场灾难超越了生产领域。因此，算法治理试图控制个体而不给愿望的形成留下任何空间，个体只能沦为拥有"悲伤激情"的机器。个体在工作和生活的每一个阶段都会发现自己被剥夺了存在的权利。哲学家埃蒂安·巴利巴尔（Étienne Balibar）将这种最终失败称为"完全归属"。它意味着"从个体身份和自主权的意义上讲，个性彻底丧失"[2]。

随着技术封建主义的推进，压迫的逻辑飞速前进。然而，

---

[1] Karl MARX, *Le Capital*, livre I, chapitre VI, «Manuscrits de 1863 – 1867», Éditions sociales, Paris, 2010, p. 187.

[2] Étienne BALIBAR, «Towards a new critique of political economy: from generalized surplus-value to total subsumption», *in* Peter OSBORNE, Éric ALLIEZ et Eric-John RUSSELL (dir.), *Capitalism. Concept, Idea, Image. Aspects of Marx's Capital Today*, 2019, en ligne.

结　论　社会化的幸与不幸

越是接近，成功的可能性就越小。经济逻辑与算法逻辑的融合正在遭遇去现实化带来的阻力，市场营销研究人员在向消费者部署自主采购系统的项目中观察到：

> 自主采购系统正在深刻改变采购流程，它减少甚至消除了对人工决策的需求，从而对长期以来建立的人机关系提出了挑战。省去决策过程有很多好处，比如可以减轻人们对权衡利弊的认知负担。然而，消费者可能不愿意放弃自主决策的能力。此外，如果没有了决策活动，他们的自我调节资源就有可能被耗尽，做出选择所带来的满足感也会逐渐消失。①

人们已经警告过公司，面对剥夺物质的企图，人类主体将会逃离。如果没有新的控制方式，个人就会拒绝将自己的选择权交给机器。

在山脊的另一边，欢笑的溪流和郁郁葱葱的山谷散发着解放的希望。在马克思看来，积累的历史规律在某些方面有利于个人的发展。的确，"大工业的本性决定了劳动的变换"，这意味着"工人尽可能多方面的发展"。因此，它推动"用那种把不同社会职能当作互相交替的活动方式的全面发展的个人，来代

---

① Emanuel DE BELLIS et Gita JOHAR, «Autonomous shopping systems: identifying and overcoming barriers to consumer adoption», *Journal of Retailing*, 2020 (à paraître).

替只是承担一种社会局部职能的局部个人"。①* 在资本支持下开始的社会化进程在一定程度上使解放成为可能。生产活动的相互联系与交织产生的力量使每个人都能无限扩大自己的活动范围。

亚历山大·波格丹诺夫（Alexandre Bogdanov）在1905年的乌托邦小说《红星》中对这一解放进行了令人回味的描述。一位主人向外星访客解释了这个先进的外星社会的工作组织原则：

> 通过这些表格，我们可以分配工作。要做到这一点，必须让每个人都能看到哪里缺工，缺到什么程度。因此，根据每个人对两项工作的独特或相等偏好，每个人选择最缺劳动力的那项工作。②

因此，该系统可以根据个人需求和生产流程的变化实时调整工作需求：

> 计算研究所在各地设有分支机构，负责监测库存产品的流动、工厂的生产和劳动力的波动。这种方式可以确定将要

---

① Karl MARX, *Le Capital. Critique de l'économie politique. Livre premier*, op. cit., p. 548.

* 译文引自：马克思, 恩格斯. 马克思恩格斯文集：第9卷. 北京：人民出版社, 2009：312。——译者注

② Alexandre BOGDANOV, *L'Étoile rouge followed by L'Ingénieur Menni*, L'Âge d'Homme, Lausanne, 1985, p. 73.

结　论　社会化的幸与不幸

生产的产品数量和质量，以及生产所需的小时数。该机构还计算出每个工作领域的生产量与应生产的量之间的差额，并把这种差额传递给每个人。志愿者的涌入创造了平衡。①

麦肯锡咨询公司解释道，现在，描述使用价值控制论的科幻小说随处可见，但它们不情愿地回避了工作问题：

> 领先的公司正在开发高度集成的规划系统，这些系统已经采用了最先进的分析和机器学习解决方案。未来，这些高科技方法（也称"高级规划"）将控制（经济活动）……该系统就像一只看不见的手，自主、有效、高效地运作。规划人员只需在特殊情况下进行干预，检查并纠正错误。更重要的是，该系统利用大量数据源，并通过人工智能和机器学习技术将彼此连接，从而提高了预测的准确性。与此同时，先进的规划系统还能使库存管理、采购、物流、市场营销和销售更加紧密地结合在一起，从而显著提高流程效率。②

未来属于算法这只看不见的手。得益于数字反馈回路，基

---

① Alexandre BOGDANOV, *L'Étoile rouge followed by L'Ingénieur Menni*, L'Âge d'Homme, Lausanne, 1985, p. 73.
② Nikolaus FÖBUS, Tim LANGE, Markus LEOPOLDSEDER et Karl-Hendrik MAGNUS, *The Invisible Hand : On the Path to Autonomous Planning in Food Retail*, McKinsey Institute, août 2019.

于商品的贫乏和混乱分流而维持劳动分工变得不再必要。在这种新型经济计算的霸权来临之际，问题是谁将成为操作者。技术封建主义堡垒的领导者声称，他们垄断了对生产和消费的社会经济过程的知识控制。但个人去现实化的阻力是这一计划的严重障碍。"全面发展的个人"的出现意味着对市场的告别与主体性的再投资齐头并进，尤其诉诸真正的经济民主形式。只有这样，每个人自由选择的自主权界限才能与集体和有意识地掌控经济问题及其在生物圈中的地位相适应。

附录一

生产率和价格指数：高度政治化的问题

自20世纪50年代以来，有关低估生产率及其必然结果（高估价格水平）的争论时有发生，这些争论通常由保守派经济学家发起，他们争论的目标是社会福利。价格水平指标被用来确定一定数量的福利金额，因此对它的任何修正都会对公共行动的再分配规模产生影响。[1] 这些经济学家主张将价格指数视为"分析不变效用下生活费用的指数"。因此，他们坚持将现有产品的改进以及理应提高消费者效用的新产品和服务纳入考量——从固定电话到移动电话，从米其林地图到谷歌地图，从本地电影俱乐部到Prime Video，等等。与此相反，当工会的力量更为强大时，他们为基于家庭支出的指数辩护，该指数指向生活费用的增长，包括必需品随时间的推移而扩大和变化。

---

[1] 美国先后在20世纪50年代和90年代就这一问题展开了大辩论。参见：Michael J. BOSKIN et al., «Consumer prices, the Consumer Price Index, and the cost of living», *Journal of Economic Perspectives*, vol. 12, n°1, 1998, p. 3-26。

技术封建主义

  除了分配问题，价格指数的构建和使用也是丰富的社会争论的一部分，在这些争论中，质量问题不能被归结为对技术进步的低估。① 如果考虑到服务的关系维度和计划性淘汰的问题，我们会看到相反的情况，低估了价格的上涨。比如安装在巴黎地区住宅窗户上的百叶窗或从超市购买的厨房家具，它们的使用寿命要比装饰奥弗涅地区古老农舍客厅的樱桃木橱柜或为保护窗户而反复上漆的木质百叶窗短得多。现代百叶窗和家具用不了十五年就得更换，如果按质量效应进行调整，价格往往会被低估。因此，生产率和经济增长被高估，通货膨胀被低估。此外，向网上购物的转变从根本上改变了购物的社会体验及其蕴含的关系，这是价格指数难以反映的事情。

  通胀数字的构建，也就是增长和生产率的构建，是政治和社会选择的结果，对我们社会的自我表现和自我组织方式产生了相当大的影响。在新的财富指标兴起的同时，它们也表达了人们对哪些是合理需求②的判断，这些需求值得更明确地表达出来，并得到更广泛的宣传。

---

  ① 有关价格指数的构建及其在法国背景下使用的辩论，参见：Florence JANY-CATRICE, «Conflicts in the calculation and use of the price index: the case of France», *Cambridge Journal of Economics*, vol. 42, n° 4, 2018, p. 963 – 986; Florence JANY-CATRICE, *L'Indice des prix à la consommation*, La Découverte, «Repères», Paris, 2019。

  ② 关于需求的棘手问题及其政治影响，参见：Razmig KEUCHEYAN, *Artificial Needs: Comment sortir du consumérisme*, Zones, Paris, 2019。

附录二

反垄断嬉皮士与芝加哥学派

2018年末,《国际竞争政策》(Competition Policy International)专门出版了一期特刊,讨论期刊编辑康斯坦丁·梅德韦托夫斯基(Konstantin Medvedovsky)所说的"反垄断嬉皮士",竞争政策领域再次对反大公司的论点产生了兴趣:

> 反垄断消费者保护原则是美国反垄断法和实践的重要内容,但越来越多的分析人士质疑该原则是否仍然至关重要。法院和反垄断执法者在评估兼并和公司行为时,是否也应考虑就业、工资和小公司等因素?我们是否需要针对技术平台制定特殊规则?我们是否应该简单地阻止大公司收购其他公司,甚至考虑拆分它们?如果我们要重新思考消费者福利范式,那么另一种制度会是什么样的?[1]

---

[1] Konstantin MEDVEDOVSKY, «Antitrust chronicle. Hipster antitrust», *Competition Policy International*, 2018, en ligne.

技术封建主义

20世纪80年代以来,美国的竞争政策一直以芝加哥学派的学说为主。这是一种对大公司非常有利的立场,因为该学派认为,公共当局在竞争领域的干预往往是有害的,因此这种干预应被严格限制在对消费者的损害已被明确证实的情况下。该学派的领军人物之一理查德·波斯纳(Richard Posner)总结了他们的论点:

> 一般来说,公司不能通过单边行动获得或加强垄断力量。当然,除非它们采取非理性行动,宁愿牺牲利润也要巩固统治地位。因此,反垄断法不应关注单边行为,而应重点关注卡特尔,以及足以直接形成垄断……或促成垄断化的横向兼并。①

显然,波斯纳主要关注非法卡特尔。至于其他问题,他建议相信竞争的力量——无论是实际的力量还是潜在的力量。公共当局尤其不应关注"单边行动",也就是说,不应该主要关注两件事:掠夺性定价和垂直一体化。

掠夺性定价是一种战略,即占统治地位的公司试图通过低于生产成本的价格将竞争对手赶出市场。在波斯纳看来,这是一种注定要失败的战略:"掠夺者在掠夺期间损失了金钱,如果

---

① Richard A. POSNER, «The Chicago School of antitrust analysis», *University of Pennsylvania Law Review*, n° 127, 1979, p. 928.

它以后试图通过提高价格来挽回损失,就会有新的公司进入市场,这样价格就会降到竞争水平,从而无法挽回掠夺阶段的损失。"① 简而言之,这种博弈不值得一试,因为潜在的掠夺者每次都会失败。

垂直一体化也是一种单边行动,没有扭曲市场的风险。他认为:"处于垄断地位的生产商为了在销售和制造两边都获得垄断利润而谋求控制销售,这是不合逻辑的。事实上,产品和销售相辅相成,因此提高销售价格会减少对产品的需求。"这将影响公司的销售额,从而使获得剩余利润的希望破灭。总之,垂直一体化只有在"出于对效率的追求,而不是出于垄断控制的企图"时才会发生。②

在此不做详细分析,主要结果可归纳如下。公共干预不一定要解决产业集中的问题:

> 持续的集中化要么意味着相关市场根本容不下许多公司(规模经济),要么意味着某些公司由于成本降低或产品改进而获得超额利润,而竞争对手或新进入者都无法复制。对这两种情况都没有必要进行旨在改变市场结构的公共干预。③

---

① Richard A. POSNER, «The Chicago School of antitrust analysis», *University of Pennsylvania Law Review*, n° 127, 1979, p. 927.
② Richard A. POSNER, «The Chicago School of antitrust analysis», *University of Pennsylvania Law Review*, n° 127, 1979, p. 927.
③ Richard A. POSNER, «The Chicago School of antitrust analysis», *University of Pennsylvania Law Review*, n° 127, 1979, p. 945.

垄断地位本身并不违背共同利益。只有在存在阻碍竞争的进入壁垒时，垄断地位才是有害的。否则，新竞争者进入市场的潜力就足以约束现有企业。从芝加哥学派的角度来看，这些进入壁垒数量很少，且不具决定性作用。[1] 实际上，只有两种情况。第一种情况是，新进入者因在新的活动领域缺乏经验而必须向资本提供者支付的风险溢价非常高。然而，根据芝加哥学派的理论，这种为新进入者提供资金的额外成本不足以从根本上改变市场的竞争性质。第二种情况被视为特殊情况，垄断基于对独家资源的控制。一般来说，市场被认为是可竞争的，因此具有竞争性。[2]

亚马逊悖论

芝加哥式的反垄断反映了米歇尔·福柯（Michel Foucault）在《生命政治的诞生》(*Naissance de la biopolitique*) 一书中分析的无政府资本主义倾向。[3] 它对国家干预极为谨慎，对大公司的战略非常仁慈。尽管美国当局并未真正执行这种主张，但自

---

[1] 这种经典定义参见：Georges J. STIGLER, *The Organization of Industry*, Richard D. Irwin, Homewood, 1968, p. 67-70。

[2] William J. BAUMOL, John C. PANZAR et Robert D. WILLIG, *Contestable Markets and the Theory of Industry Structure*, Harcourt Brace Jovanovich, New York, 1982.

[3] Michel FOUCAULT, *Naissance de la biopolitique : Cours au Collège de France, 1978-1979*, EHESS/Gallimard/Seuil, Paris, 2004, p. 139.

20世纪80年代以来,它对反竞争政策产生了主导影响。[1]

然而,进入新千年以来,特别是在2010年代,美国的产业集中急剧加快,尤其在数字领域(参见第一章)。为了应对这一新形势,反垄断运动已变得相当强大。现在,它已成为民主党的战斗主题之一。早在2016年,民主党的竞选纲领就指出,民主党希望"通过制止企业集中来促进竞争"。它接着解释道:

> 我们将加强竞争政策和反垄断法,使它更加适应当今的经济……我们支持反垄断法的历史宗旨,保护竞争,防止经济和政治权力的过度集中,因为这种权力会腐蚀健康的民主制度。我们支持司法部和联邦贸易委员会重振反垄断法工作,以防止占统治地位的公司滥用权力,保护公众利益免受滥用、歧视和不公平商业行为的侵害。[2]

这一立场明确打破了芝加哥方法的还原论,它只关注消费者福利问题。这一立场关注经济力量过于集中在竞争机制和政治层面的危险。这一立场自19世纪以来就扎根于美国社会,但从里根时代开始被边缘化。但是,由于诸多研究表明了美国经

---

[1] Jonathan B. BAKER, «Policy watch: developments in antitrust economics», *The Journal of Economic Perspectives*, vol. 13, n° 1, 1999, p. 181 - 194; Jonathan B. BAKER, «The case for antitrust enforcement», *The Journal of Economic Perspectives*, vol. 17, n° 4, 2003, p. 27 - 50.

[2] DEMOCRATS, «Party platform», democrats. org (blog).

济集中度的提高和企业家精神的衰退,尤其是在这些现象与不平等的加剧之间建立了联系,因此这一立场正在强势回归。①

在这些作品中,莉娜·汗 2017 年在《耶鲁法学杂志》(*Yale Law Journal*)上发表的文章现在可供参考。汗是一名律师,曾在新美国基金会与巴里·林恩的团队共事,后在开放市场研究所(Open Market Institute)工作,之后就读于耶鲁大学。她的文章题为《亚马逊的反垄断悖论》(Amazon's antitrust paradox),参考了罗伯特·博克(Robert Bork)于 1978 年出版的《反垄断悖论:自相矛盾的政策》(*The Antitrust Paradox*:*A Policy at War with Itself*)一书。②

博克抨击的悖论可以简述如下。美国的反垄断政策追求多重目标并针对模糊的统治思想,最终危害了主要目标——效率。因此,他主张实施审慎的反垄断政策。只要竞争的力量仍然在起作用,即使是潜在的力量,就不要把统治问题当作一个问题。

在汗看来,这个悖论完全不同。这都取决于具体案例。亚马逊的案例揭示了博克理论和芝加哥学派的局限性:

> 随着 20 世纪 70 年代和 80 年代法律理论和实践的变化,反垄断法现在评估竞争的重点是消费者的短期利益,而不

---

① David AUTOR et al., «Concentrating on the fall of the labor share», *American Economic Review*, vol. 107, n° 5, 2017, p. 180-185.

② Robert H. BORK, *The Antitrust Paradox*:*A Policy at War with Itself*, Free Press/ Maxwell Macmillan, New York/Toronto, 1993.

附录二　反垄断嬉皮士与芝加哥学派

是生产者或整个市场的活力。从这一新的角度来看，低消费价格足以证明存在良性竞争。从这一标准的角度来看，亚马逊表现出色。亚马逊面向消费者的低价经营策略和言论使其得以逃脱政府的审查。亚马逊与反垄断机构最亲密的一次接触是在司法部起诉其他公司联合对抗亚马逊时。贝索斯仿佛是在摸清了反垄断法的底细之后，才想出了公司的发展道路，然后设计出顺利绕过这些法律的方法。亚马逊在唱响当代反垄断赞歌，为消费者争光的同时，也在向垄断迈进。[1]

汗的贡献具有启发性。一方面，她从过去两个世纪美国反垄断的理论和实践传统出发，深入探讨了芝加哥学派的理论以及反对该理论的论据。另一方面，她对亚马逊的反竞争行为进行了深入研究。她的结论毋庸置疑，亚马逊是一家规模庞大的公司，存在多种反竞争行为，却在法律的夹缝中悄然崛起。

汗描述了许多亚马逊的行为，这些行为本应引起当局的反应。例如，亚马逊以低于成本的价格销售畅销书、Kindle电子阅读器或亚马逊 Prime 服务，使该公司能够在各个领域确立统治地位，并发挥互补性，从而加强网络效应。目前的反垄断理论无法看到亚马逊在何处以及如何设法抵消损失，而这正是滥

---

[1] Lina M. KHAN, «Amazon's antitrust paradox», *Yale Law Journal*, vol. 126, n° 3, 2016, p. 716.

用统治地位的特征。在图书板块,这种霸权的构建带来了风险,减少了消费产品的多样性。这种风险也是一种政治风险,因为图书行业的组织与思想的流通直接相关。[1]

另一个例证是,亚马逊是各种制造商的销售平台,这使它拥有了得天独厚的观察优势。如果它看到某个制造商的产品大获成功,它很快就会以自己的品牌推出一个版本,以更低的价格或更好的形象销售,这必然会占领大部分市场。例如,当亚马逊看到消费者喜爱以全美橄榄球联盟(National Football League)吉祥物为原型的动物毛绒抱枕时,它很快就用自己的品牌推出了这些产品,抢占了原制造商的大量市场份额。

亚马逊也是最强大的信息技术服务公司之一,尤其因为它能为企业提供云存储空间。在这方面,不同业务线的结合再次使该公司增强了优势。例如,有资料显示,亚马逊利用服务器的使用数据,通过流量来识别业务正在起飞的初创企业,从而指导它的风险投资业务。

竞争的局限

通过研究亚马逊的例子,汗找出了芝加哥方法及其政策失败的原因。首先,即使我们坚持以消费者福利为唯一标准,价

---

[1] Lina M. KHAN, «Amazon's antitrust paradox», *Yale Law Journal*, vol. 126, n° 3, 2016, p. 767.

格标准也是不够的,反垄断政策必须让位于对质量、多样性和创新的长期关注。在此,产业集中是一个必须认真对待的威胁。但是,仅仅扩大范围还不够:

> 对消费者福利的过度关注是错误的。它暴露了国会颁布反垄断法的立法历史,国会颁布反垄断法的目的是促进包含工人、生产者、企业家和公民利益在内的多元政治经济目标。它还错误地取代了对市场过程及其结构的关注,不再关注市场力量是否充分分散以保持竞争,只考虑结果,也就是只考虑对消费者物质福利的影响。[1]

在此,汗重申了美国反垄断的传统方法,也就是20世纪70年代以前的方法。这种方法通常被称为结构主义方法,重点在于市场结构,并将集中程度本身作为一项标准。它认为,竞争管理机构必须考虑多方利益,这些机构必须保护生产者、消费者、工人和公民免受滥用垄断权力之害。

经济力量过度集中的不端行为有多种形式——对供应商施加不当的压力、捕获消费者、通过媒体控制政治制度,等等。或者说,企业规模大到能够从公共当局获得多种利益和支持。"大而不倒"(too big to fail),倒闭是不可想象的事,因为这将

---

[1] Lina M. KHAN, «Amazon's antitrust paradox», *Yale Law Journal*, vol. 126, n° 3, 2016, p. 737.

构成系统性威胁。

这些关于经济权力集中的经济、社会和政治危险的论点完全正确。但汗和反垄断嬉皮士的论点更进一步,这不仅是一个指出私人垄断的危险的问题,也是一个重视竞争本身的问题。最终,与《大宪章》的作者一样,汗也希望建立一个分散、和谐的竞争秩序。他们对私人企业家经济的规范性理念如出一辙。从这个角度看,竞争不是手段,而是目的,竞争本身就是一个理想的目标。

反垄断政策必须防止产业过于集中,因为这会对竞争构成威胁。汗在这一点上说得非常清楚:"反垄断法和竞争政策应促进竞争性市场,而非消费者福利。"① 反垄断的目的是保持"竞争过程的中立性和市场结构的开放性"②。此处值得强调的是,美国的嬉皮士反垄断、欧盟的竞争政策及其所依据的秩序自由主义理论之间具有相似性。

2017年和2018年,欧盟对美国数字巨头的诉讼让谷歌付出了两笔创纪录的罚款,共计67亿欧元。在一起案件中,谷歌因在搜索引擎中偏袒自家购物比价工具的可见度而被罚款。在另一起案件中,谷歌强迫安卓手机制造商预装一揽子谷歌服务,从而能够集中大多数智能手机的用户数据。此前,谷歌在欧洲

---

① Lina M. KHAN, «Amazon's antitrust paradox», *Yale Law Journal*, vol. 126, n° 3, 2016, p. 737.
② Lina M. KHAN, «Amazon's antitrust paradox» *Yale Law Journal*, vol. 126, n° 3, 2016, p. 743.

发布了一份新闻稿，对巴里·林恩被新美国基金会驱逐一事表示欢迎。

反过来说，正是莉娜·汗的研究促使欧盟委员会对亚马逊展开调查。竞争事务专员玛格丽特·维斯塔格（Margrethe Vestager）与汗的分析不谋而合，她说，问题的关键在于亚马逊的双重身份——既是其他公司产品的分销平台，又是自己产品的销售网站。这种一体化的结构使亚马逊能够独占客户和供应商的数据，并由此获得其至高无上的地位。①

通过这场嬉皮士反垄断的斗争，我们看到了新自由主义内部斗争的新阶段。一方面，芝加哥方法的继承者站在米歇尔·福柯所谓的无政府资本主义一边，原则上反对国家对经济和社会领域的任何形式的干预。另一方面，传统反垄断法的倡导者重演了美国自1938年以来不同思潮之间的和解。②

此时，制度主义经济学家和新自由主义经济学家趋于一致，前者放弃了对公共监管与合作的偏好，后者则背离了自由放任的信条。对他们来说，针对垄断的公共干预似乎是必要的。对于前者来说，这是一个防止经济权力过于集中而威胁政治自由的问题。后者则希望通过价格保持资源配置过程的质量。

---

① Natalia DROZDIAK et David MCLAUGHLIN, «With Amazon probe, EU takes cue from "hipster" antitrust», Bloomberg.com, 19 septembre 2018.

② Thierry KIRAT et Frédéric MARTY, «The late emerging consensus among American economists on antitrust laws in the second New Deal», *Cirano*, n° 2019s-12, mai 2019.

这种建立竞争的愿望正是秩序自由主义者的愿望，它是指导 1945 年后联邦德国经济政策和随后欧洲建设的理论核心。福柯引用了这一思潮最杰出的代表之一威廉·罗普克（Wilhelm Ropke）的话，后者在 20 世纪 30 年代写道："市场自由需要积极且极其警惕的政策。"[①] 莉娜·汗和反垄断嬉皮士以竞争的内在美德为名，主张国家积极干预以保护竞争，这是在步秩序自由主义者的后尘。

归根结底，尽管嬉皮士反垄断与芝加哥无政府资本主义的做法有所不同，但这两种思潮对私人企业和市场协调的优点抱有同样的信心。它们的分歧在于对利用信息技术所产生的经济过程质量的分析。

不过，反垄断嬉皮士也有可取之处，他们指出了一种威胁，这种威胁源于数字平台指数级增长造成的经济和政治力量的巨大积累。危险就在那里，大型网络公司已成为坚不可摧的堡垒，能够击退竞争对手的进攻，收购或压制初创企业，影响政治议程和公共辩论的条件。但反垄断嬉皮士的问题是回避了这种力量的来源，也就是与集中相关的效率增益问题。

在大数据时代，人们不禁要问，垄断的动力是否足以适应正在发生的经济进程的类型。芝加哥学派的继承者们热衷于指出，大量证据表明，集中度的提高是规模经济技术变革和生产

[①] Michel FOUCAULT, *Naissance de la biopolitique：Cours au Collège de France, 1978–1979*, EHESS/Gallimard/Seuil, Paris, 2004, p. 139.

率相应提高的结果。[①] 换句话说，重新引入竞争，例如拆散谷歌或亚马逊，将导致它们提供服务的力量下降。由于只关注企业的市场力量问题，反垄断嬉皮士忽略了一个重要问题——利用信息技术的经济过程质量发生了改变。

[①] Joshua D. WRIGHT et al., «Requiem for a paradox: the dubious rise and inevitable fall of hipster antitrust», *George Mason Law & Economics Research Paper*, n° 18-29, 2018, p. 27.

致　谢

我要感谢如下人员：拉兹米格·科切扬（Razmig Keucheyan）、汉娜·本苏珊（Hannah Bensussan）、拉斐尔·波什罗特（Raphaël Porcherot）、塞西莉亚·瑞卡普（Cecilia Rikap）、乌戈·赫拉里-克马德克（Hugo Harari-Kermadec）以及"规划公共事务"研讨会的参与者；伯纳德·查万斯（Bernard Chavance）、蒂埃里·基拉特（Thierry Kirat）、赫达德·瓦哈比（Mehrdad Vahabi）以及"掠夺性国家"研讨会的参与者；布鲁诺·阿马布尔（Bruno Amable）、玛丽·奥沙利文（Mary O'Sullivan）以及瑞士日内瓦大学"政治经济学"研讨会的参与者；特里斯坦·奥弗雷（Tristan Auvray）、里卡多·贝洛菲奥里（Riccardo Bellofiore）、麦肯齐·瓦克（McKenzie Wark）、威廉·米尔伯格（William Milberg）、阿蒂尔·雅托（Arthur Jatteau）、弗洛伦

致　谢

斯·简尼-卡特里斯（Florence Jany-Catrice）、斯特凡诺·帕隆巴里尼（Stefano Palombarini）、邓肯·弗利（Duncan Foley）、安瓦尔·沙伊赫（Anwar Shaikh）、马克-安德烈·加尼翁（Marc-André Gagnon）、马蒂厄·蒙塔尔班（Mathieu Montalban）、弗朗索瓦·莫罗（François Moreau）、内森·斯珀伯（Nathan Sperber）、奥利维尔·韦恩斯坦（Olivier Weinstein）、本杰明·科里亚特（Benjamin Coriat）、蒂埃里·拉比卡（Thierry Labica）、斯特伦·勒贝尔（Sterenn Lebayle）、路易斯·米奥蒂（Luis Miotti）、艾格尼丝·拉布鲁斯（Agnès Labrousse）、席琳·鲍德（Céline Baud）、塞巴斯蒂安·维尔莫（Sébastien Villemot）、斯塔西斯·科韦拉基斯（Stathis Kouvelakis）、大卫·弗拉彻（David Flacher）、菲利普·阿斯肯纳齐（Philippe Askenazy）、奥黛丽·塞尔丹（Audrey Cerdan）、纳比尔·瓦基姆（Nabil Wakim）、梅兰妮·塔努斯（Mélanie Tanous）；当然，还有珍妮（Jeanne）、洛莱（Loul）、伊西多（Isidore）、拉罗凯尔（La Rocaille）、瓦尔西维耶尔（Valcivieres）和108位快乐的伙伴。

我的这项研究是CEPN（法国国家科学研究中心和巴黎第十三大学）团队项目的一部分，我要感谢该团队。在筹备阶段，法兰西创新研究学院（IFRIS）资助了我到纽约新学院经济系的交流。

Originally published in France as:

Techno-féodalisme. Critique de l'économie numérique by Cédric Durand

© Editions la Découverte，Paris，2020，2023.

Current Chinese translation rights arranged through Divas International，Paris 巴黎迪法国际版权代理（www.divas-books.com）

Simplified Chinese edition © 2024 by China Renmin University Press.

All Rights Reserved.